영양 만점 곤충식당

앞으로 우리가 먹게 될 식용 곤충 이야기

영양 만점 곤충식당

글 서해경·이소영 | 그림 한수진

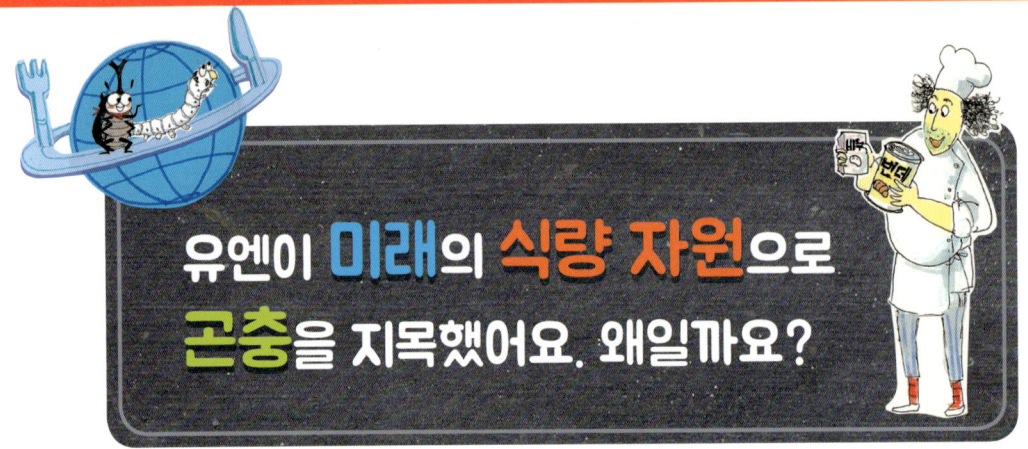

유엔이 미래의 식량 자원으로 곤충을 지목했어요. 왜일까요?

음…, 여러분은 곤충을 먹는다고 하면 어떤 생각이 드나요?
우리도 이 책을 쓸 때는, '왜 하필이면 곤충일까?'라는 의구심이 들었어요.
그래서 이런저런 대화를 많이 나눴지요.

해경 곤충은 먹을 것이 부족했던 시절의 먹거리 아닌가요?

소영 그러게요. 어렸을 때 엄마가 반찬으로 메뚜기 튀김을 싸 준 게 기억나요. 학교 앞에서 번데기를 사 먹기도 했죠.

해경 사실 알고 보면, 지금도 곤충을 먹는 나라는 굉장히 많아요. 먹을 수 있는 식용 곤충만 해도 1,900여 종이나 된다죠?

소영 태국 같은 동남아시아 나라의 시장에 가면 곤충 요리를 쉽게 볼 수 있어요. 최근에는 유럽이나 미국에서도 곤충 요리 식당이 인기라고 하더라고요. 그런데 왜 세계가 먹거리로 곤충을 주목하는 걸까요?

해경 유엔에서 2050년이 되면 세계 인구가 90억 명이 넘을 거라고 발표했어요. 그때가 되면 식량이 부족할 테고, 지금의 식량 구조를 바꿀 필요가 있는 거죠.

소영 하긴 환경 문제도 있죠. 소를 키울 때 나오는 메탄가스는 지구 온난화를 일으키잖아요. 게다가 키우는 데 많은 물과 사료가 들어가고요. 소 한 마리를 키우려면 사람 11명이 먹을 분량의 곡물이 필요하대요. 하지만 귀뚜라미를 키우는 데는 이에 비하면 아주 적은 양의 곡물만 들지요.

해경 맞아요. 곤충을 키우는 데는 그만큼 생산비도 적게 들고, 환경 오염도 덜 되지요. 그뿐인가요? 곤충은 영양적으로도 우수하잖아요. 같은 무게의 소고기와 벼메뚜기를 먹을 경우, 단백질이 벼메뚜기가 3배나 더 많더라고요.

소영 확실히 곤충은 여러모로 훌륭한 먹거리긴 해요. 하지만 아주 큰 문제가 있죠.

해경 '내가 과연 곤충을 먹을 수 있을까?' 하는 것 말이죠? 아휴, 전 솔직히 자신 없어요.

소영 처음엔 저도 곤충을 먹을 수 없을 것 같았어요. 그래도 이 책을 쓰는 동안 용기 내서 갈색거저리 애벌레를 먹어 보았죠. 바삭바삭한 게 말린 새우 맛이 나더라고요. 생각보다 맛있었어요.

해경 우리나라에선 갈색거저리 애벌레, 귀뚜라미, 메뚜기, 누에 등 7가지 곤충을 식용 곤충으로 공식 지정했어요.

소영 식용 곤충을 이용한 여러 가지 요리법도 계속 개발되고 있다죠? 다른 곤충은 어떤 맛일지 궁금하기도 해요.

해경 확실히 식용 곤충이 우리 생활에 가까이 다가와 있는 것 같아요. 거부감만 줄어들어 곤충이 식재료로 이용되면 환경과 기아 문제에도 큰 도움이 되겠죠. 음, 저도 조만간 곤충 먹기에 도전해 봐야겠어요.

소영 성공하길 바라요. 식용 곤충이 훌륭한 먹거리인 건 분명하니까요.

확실히 정보를 모으고 대화를 나눌수록 왜 곤충이 미래 식량으로 주목받는지 알 수 있었어요. 하지만 대부분의 사람들이 곤충을 먹는 데 거부감을 가지고 있는 게 현실이지요.
어린이 여러분은 어떤가요? 곤충을 먹어 볼 용기가 나지 않는다면, 그전에 이 책을 읽고 식용 곤충에 대해 자세히 알아보세요.
먹거리로서의 곤충을 잘 알게 되면 마음이 달라질 수도 있지 않을까요?
자, 그럼 지금부터 식용 곤충에 대해 함께 알아볼까요?

차례

프롤로그
마법의 곤충 수프, 먹어 볼래? • 8

1장
위대한 곤충

곤충으로 옷감을 만들다 • 14
곤충, 약으로 쓰이다 • 18
아낌없이 주는 곤충, 꿀벌 • 20
친환경 농작물 지킴이 • 24
쓰레기 먹는 고마운 곤충 • 28
붉은색은 나에게 맡겨라 • 31
곤충, 축제가 되다 • 33
애완동물로 사랑받는 곤충 • 36

잠깐! 이것이 궁금하다
먹거리로서의 곤충은? • 40

2장
왜 곤충을 먹어야 할까?

영양 만점 메뚜기 • 47
곤충이 환경을 살린다 • 50
식량난 해결의 실마리 • 56

3장
세계의 다양한 곤충 음식

중국, 모기 눈알 수프 • 62
캄보디아, 곤충 볶음 요리 • 65
오스트레일리아, 위체티 크럽 • 68
미국, 귀뚜라미 버거 • 70
보츠와나, 모파인 벌레 요리 • 72

잠깐! 이것이 궁금하다
세계인이 가장 즐겨 먹는 식용 곤충은? • 78

4장
우리나라 식용 곤충 이야기

메뚜기 • 86
누에 번데기 • 88
백강잠 • 90
갈색거저리 애벌레 • 92
흰점박이꽃무지 애벌레 • 94
장수풍뎅이 애벌레 • 96
쌍별귀뚜라미 • 98

잠깐! 이것이 궁금하다
굼벵이 농장에 가다 • 100

에필로그
곤충 요리 시대가 열리다 • 104

고소애 요리 레시피

고소애 채소 볶음밥 • 108
고소애 고추장 떡볶이 • 110
고소애 새우 견과류 볶음 • 112
고소애 비빔국수 • 114
고소애 소고기 두부선 • 116
고소애 잡채 • 118

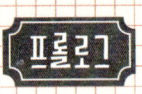

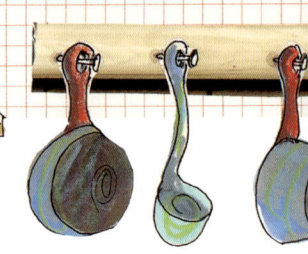

마법의 곤충 수프, 먹어 볼래?

내 이름은 양송이. 내가 좋아하는 일은 먹는 거다. 맛있는 음식을 먹는 건 즐겁다. 때론 맛없어도 참고 먹는다. 왜? 먹는 건 소중하니까. 그중에서도 제일 좋아하는 건, 특이한 음식을 먹는 거다. 처음 보는 재료로 만든 음식은 꼭 먹어 본다. 그러다 보면 그동안 먹어 보지 못했던 맛을 느낄 때도 있다. 그때의 기분이란!

많이 먹고 쑥쑥 크면, 커다란 배낭을 메고 전 세계로 음식 탐험을 떠날 거다. 아마존 열대 우림에 가서 레몬 맛이 난다는 레몬개미를 먹어 보는 게 작은 소원이다.

사실, 난 지금도 다른 친구들이 먹어 보지 못한 특이한 음식을 매일 먹고 있다. 우리 아빠가 요리사이기 때문이다. 그것도 곤충 요리사!

괜찮다. 이런 반응 많이 겪어 봤으니까.
우리 아빠가 운영하는 식당에는 커다란 솥이 있다.
부글부글 끓는 솥 안에 지네 다섯 마리,
커다란 타란툴라 한 마리,
꿈틀꿈틀거리는 하얀
애벌레 열두 마리, 보름달 뜬
밤에 꺾어 온 달맞이꽃 세 송이,
쑥 한 움큼을 넣고, 큰 주걱으로
휘휘 저으면서 주문을 외면,
마법의 곤충 수프가 탄생한다.

그 수프를 먹으면 어떻게 되냐고?

개구리가 왕자로 변신하고, 미녀가 똥파리로 변신한다!…는 건 거짓말이다. 사실, 그런 곤충 수프 따윈 없다. 우리 아빠는 진지한 곤충 요리사거든.

우리 아빠가 해 주는 최고의 간식은 바로 이거다.
바삭바삭 고소한 갈색거저리 애벌레 쿠키!

어떤 맛인지 궁금하다고?
음…, 엄청 고소하고 맛있는 맛?

아빠, 이제 아빠 소개 좀 해 봐요.

헛, 흠…, 그럴까?

안녕? 난 양송이의 아빠, 식용 곤충 요리사란다. '영양 만점 곤충 식당'을 운영 중이지. 처음엔 파리 날렸지만, 요즘은 식용 곤충에 대한 관심이 높아져서, 은근히 찾는 손님이 늘고 있어.

사랑하는 나의 부인, 송이 엄마는 곤충 식당이 잘 되는 일은 절대로 없을 거라고 했지. 곤충을 비롯해 꿈틀꿈틀거리는 벌레를 엄청 싫어하거든. 빨리 곤충 식당 문 닫고 평범한 식당을 열자고 하지만, 난 절대 그럴 생각이 없어.

왜 그렇게 곤충에 집착하냐고? 나는 곤충 요리가 우리의 미래를 좀 더 아름답게 만들어 줄 거라고 생각해. 지금 지구에 닥친 환경 문제, 기아 문제를 해결할 수도 있다고 믿어.

그런데 곤충이란 말만 들어도 온몸을 부르르 떠는 친구들이 있구나. 마치 어깨 위에 꿈틀꿈틀거리는 애벌레라도 떨어진 것처럼 말이야. 아무래도 먼저 곤충에 대한 오해를 풀어 줘야겠는데?

얘들아, 만나서 반가워.

**곤**충은 인간보다 훨씬 더 오래전부터 지구에서 살고 있는 생물이야. 약 4억만 년 전에 지구에 처음 나타난 것으로 추정되지. 인간의 평균 수명이 80세 정도이니, 어때? 상상이 가니?

곤충은 지구 곳곳에서 살고 있고, 다른 어떤 생물보다 훨씬 많은 수를 자랑해. 기록된 것만 따지면 지구 동물 수의 약 80퍼센트가 곤충이라니, 엄청나지?

인간을 비롯해 많은 생물들이 곤충의 도움을 받으며 살아가고 있어. 우선 곤충은 식물의 탄생을 도와주는 역할을 해. 곤충은 식물의 수술에 있는 꽃가루를 암술의 머리에 묻혀서 수정을 시켜 줘. 이렇게 수정이 되면 식물은 열매를 맺고, 그 열매 속에 다음에 싹을 틔울 씨가 만들어지지. 또 곤충은 죽은 식물이나 동물을 분해해서 땅으로 돌려보내는 역할도 해.

그리고 사람들은 오래전부터 농사를 짓거나 옷감을 만들거나 병을 치료하는 약재 등으로 곤충을 이용해 왔어. 요즘은 애완동물로도 큰 인기를 끌고 있지.

그럼, 곤충이 우리에게 어떤 도움을 주고 있는지 좀 더 자세히 알아볼까?

 곤충으로 옷감을 만들다

누에를 이용해서 옷감을 만드는 건 중국에서 시작되었다고 해. 무려 5,000년이 넘는 긴 역사를 자랑하지.

우리나라 《단군세기》에는 우리나라 최초의 국가인 고조선에서 누에를 키워 실을 뽑았다는 기록이 있어. 기원전 2241년경이라니까, 우리 조상들 역시 약 4,000년 전부터 누에를 이용해서 옷감을 만든 거야.

그런데 옷감을 만든다는 누에는 뭘까? 혹시 알고 있니? 누에는 누에나방의 애벌레를 말해. 누에고치에서 실을 얻기 위해 사람들이 기르는 애벌레지. 누에를 이용해서 옷감을 만드는 일을 '양잠'이라고 해. 양잠은 우리나라에서 적극적으로 키운 사업이었어. 예전에는 대개 1년에 2번 봄가을에 누에를 길렀는데, 한때는 우리나라 총 수출액의 10퍼센트를 차지할 정도로 중

요한 사업이었지. 지금은 합성 섬유에 밀렸지만 말이야.

양잠을 하는 과정은 생각보다 복잡해. 그런데 여러 단계의 복잡한 과정을 거쳐 실을 만들었을 때, 누에고치 하나에서 나오는 실의 길이가 무려 1,500미터나 된다고 해. 정말 놀랍지?

누에고치에서 뽑아낸 실을 '명주실'이라고 하는데, 이 명주실을 가로세로로 엮어서 만든 옷감이 바로 '비단'이야.

양잠 과정

1 누에나방이 뽕나무에 알을 낳는다.

4 고치를 짓기 시작한 뒤 약 70시간이 지나면 고치 속에서 번데기가 된다.

2 알에서 깬 누에는 뽕잎만 먹고 자란다.

3 다 자란 누에는 입에서 하얀 실을 토해 고치를 만든다.

비단은 이렇게 복잡한 과정을 거쳐서 만들어져.

5 고치를 삶은 뒤, 고치의 실을 풀어낸다.

8 명주실을 자아 비단 옷감을 만든다.

6 고치실을 꾸러미로 만들어 말리면 명주실이 된다.

7 명주실에 염색을 한다.

곤충, 약으로 쓰이다

혹시 동충하초라는 말 들어 봤니? 가끔 약 광고에 나오기도 하는데…. 동충하초(冬 겨울 동 蟲 벌레 충 夏 여름 하 草 풀 초)는 그 이름처럼, 겨울에는 곤충이었던 것이 여름에는 버섯이 된다는 뜻이야.

 곤충이 버섯이 된다고요?

음, 버섯은 잘 알지? 마트에 가 보면 먹을 수 있는 다양한 버섯들을 팔고 있고, 마을 뒷산에만 가도 버섯이 자라는 것을 볼 수 있지. 축축하고 어두운 곳에서 우산 모양의 갓을 펼치고 있는 버섯이나, 나무 밑동에 붙어서 자라는 넓적한 버섯을 한 번쯤 봤을 거야.

그런데 동충하초는 곤충의 몸에서 자라. 겨울에는 곤충의 몸속에 있다가 여름이 되면 곤충의 몸 밖으로 자라 나오는 버섯이지.

동충하초는 곤충의 몸에 뿌리를 내리고 영양분을 빨아 먹고 자라서 영양분이 아주 풍부해. 그래서 꽤 오래전부터 한약재로 쓰였지. 물론 지금도 인삼, 녹용과 함께 대표적인 한약재로 인정받고 있어.

이외에도 곤충은 오래전부터 병을 고치는 약으로 많이 사용되었어. 지금도 한약재를 파는 곳에 가면 말린 지네와 굼벵이, 누에를 쉽게 볼 수 있어. 허준이 지은 조선 최고의 의학 서적 《동의보감》에는 90여 종, 동양 의학을 정리한 중국의 《본초강목》에는 100여 종의 약용 곤충과 그 효능이 소개되어 있어.

정말 곤충에서 버섯이 나왔어!

동충하초

아낌없이 주는 곤충, 꿀벌

봄이면 붕붕~ 소리를 내며 꽃밭 위를 나는 꿀벌을 볼 수 있지? 노랗고 검은 줄무늬가 귀엽지만 가까이 다가오면 쏘일까 봐 무섭지.

알고 있겠지만, 꿀벌은 이름 그대로 꿀을 모으는 벌이야. 꽃 속에 숨은 달콤한 꿀을 모으지. 이런 꿀벌을 키워서 벌꿀과 로열 젤리, 밀랍과 꽃가루 등을 얻는 일을 '양봉'이라고 해.

꿀은 흔히 먹으니 다들 잘 알 거야. 그럼 로열 젤리는 뭘까?

로열 젤리는 꿀벌의 머리에서 분비되는 물질이야. 꿀벌의 애벌레가 먹는 먹이지. 흔히 로열 젤리는 여왕벌만 먹는다고 생각하지만, 그건

꿀

잘못된 얘기야. 단지 다른 꿀벌은 애벌레일 때 2, 3일 정도만 로열 젤리를 먹지만, 여왕벌은 그 뒤에도 로열 젤리를 먹을 뿐이지.

보통 일벌은 수명이 40~60일인 데 비해, 로열 젤리를 계속 먹은 여왕벌은 수명이 3~5년까지 늘어나. 그래서 예로부터 로열 젤리는 약으로 많이 쓰였어. 꿀벌이 모은 꽃가루 역시 영양이 풍부해서 약이나 영양제로 사용되지.

꿀벌은 꽃에서 얻는 꿀과 꽃가루를 먹고 밀랍을 분비하는데, 이 밀랍 역시 사람들에게 유용하게 쓰이고 있어. 밀랍으로 화장품과 연고, 초를 만들고, 마룻바닥 등을 닦는 왁스나 약으로도 사용해.

로열 젤리

최근엔 꿀벌이 벌집을 지을 때 사용하는 프로폴리스도 많이 이용되고 있어. 프로폴리스는 꿀벌이 식물에서 뽑아낸 나뭇진에 침과 분비물을 섞어 만든 물질인데, 면역력을 높여 주어 약품과 화장품에 주로 사용되고 있어.

하지만 꿀벌이 인간에게 진짜 중요한 이유는 따로 있어. 바로 식물의 열매를 맺게 도와주는 거야. 꽃가루받이라고 들어 봤니? 꿀벌이 꿀을 모으려고 꽃 속에 들어갈 때, 꿀벌의 몸에 수술의 꽃가루가 묻어.

그 꽃가루는 꿀벌이 다른 꽃으로 옮겨 가면 옮겨 간 꽃의 암술에 묻게 되지. 이렇게 암술의 끝부분에 수술의 꽃가루가 묻는 걸 '꽃가루받이'라고 하는데, 이 꽃가루받이 과정이 있어야 수정이 되어서 식물의 씨와 열매가 만들어져.

  그 씨와 열매가 바로 우리가 먹는 곡식과 과일, 채소야. 세계 100대 농작물 중 71퍼센트가 꿀벌의 도움을 받고 있다니, 만약 꿀벌이 사라지면 어떻게 될까? 후~ 생각만 해도 끔찍하지? 사과, 배, 체리, 콩, 오이, 호박 같은 농작물은 우리 식탁에서 사라지고, 굶주리는 사람도 훨씬 늘어날 거야.

친환경 농작물 지킴이

예전엔 농작물에 피해를 주는 해충을 잡으려고 농약을 많이 사용했어. 농부들이 농약을 치다 농약에 중독되어 건강을 잃는 일도 많았지. 무엇보다 농약이 묻은 농작물은 먹는 사람의 건강도 해쳐. 뿐만 아니라 농약은 땅을 오염시키고 사람에게 도움을 주는 생물까지 죽게 만들어. 농약에 오염된 땅은 농작물이 잘 자라지 못할 뿐 아니라, 그 농작물 역시 건강에 이로울 수 없지. 게다가 해충들은 농약에 맞서서 더욱 강해졌고, 결국 점점 더 센 농약을 쓰게 되어 그만큼 건강한 농작물을 수확할 수 없게 되었어.

그러자 농부들은 몸에 해로운 농약을 사용하지 않고도 건강하게 농사를 지을 수 있는 방법을 고민하기 시작했어. 텔레비전에서 '친환경 농법, 친환경 농작물'이란 말을 들어 봤을 거야. 몸에 해로운 농약, 화약 비료 등을 사용하지 않고 농사를 짓는 것, 그리고 그렇게 수확한 농작물을 말하지. 건강한 먹거리에 대한 관심이 높아지면서 친환경 농법에 대한 연구도 활발하게 진행되고 있어.

그런데 이런 친환경 농법에 곤충이 이용되기도 해. 농작물을 망가뜨리는 해충을 제거하는 데 곤충을 이용함으로써 안전하게 농작물을 키우는 거지. 대표적인 곤충이 바로 무당벌레야.

무당벌레가 어떻게 건강한 농작물을 생산하는 데 도움을 주는지 함께 볼까?

오이를 구하라!

어때? 무당벌레가 훌륭하게 오이를 지켜 줬지? 진딧물은 농작물의 잎에 붙어서 즙을 빨아 먹는 대표적인 해충이야. 그래서 농부들은 진딧물을 없애는 데 진딧물의 천적인 무당벌레를 생각해 낸 거야. 무당벌레는 진딧물뿐 아니라 온실가루이, 응애, 나방류의 알도 먹어.

무당벌레 외에도 진딧물에 알을 낳는 콜레마니진디벌과 배추흰나비 애벌레에 알을 낳는 배추나비고치벌 등도 친환경 농법의 대표 주자들이야.

콜레마니진디벌

배추나비고치벌

무당벌레, 배추나비고치벌 등 천적을 이용해 농작물에 피해를 주는 해충을 잡는 걸 천적 방제법이라고 해요.

 쓰레기 먹는 고마운 곤충

 혹시 '환경 정화'가 무슨 뜻인지 아니?

 환경을… 정화하는… 거?

하하, 그래, 맞아. 환경을 정화한다, 즉 환경을 깨끗하게 만든다는 뜻이지. 그런데 곤충 중에 환경 정화를 하는 곤충이 있어. 동애등에가 대표적이야.

동애등에는 파리와 비슷하지만, 우리에게 도움을 주는 곤충이야. 음식물 쓰레기를 분해하거든. 제주도의 농업기술원에서 과연 동애등에가 쓰레기를 처리하는 능력이 얼마나 되는지 실험을 했어. 그 결과가 어떻게 나왔을 것 같아?

실험은 죽은 돼지 몸에 동애등에 애벌레를 놓아 두고, 동애등에가 죽은 돼지를 얼마나 빨리, 깨끗하게 처리하는지를 알아보는 거였어.

　실험은 며칠 동안 계속되었어. 8일 후, 죽은 돼지는 썩는 냄새도 없이 감쪽같이 사라졌어. 동애등에 애벌레들이 다 먹어 버린 거야. 돼지가 있던 자리에는 동애등에가 배설한 분변토만 수북했어.

　죽은 가축뿐 아니라 음식물 쓰레기, 가축의 배설물을 처리하는 데는 비용이 많이 들어. 고약한 냄새는 물론이고, 환경을 오염시키지. 그런데 동애등에를 이용하면 적은 비용으로 깨끗하게 쓰레기를 처리할 수 있어. 동애등에가 배설한 분변토는 유기농 퇴비가 되니 버릴 게 하나도 없지.

쇠똥구리도 환경 정화 곤충이야. 이름처럼 주로 쇠똥(소똥)을 먹는데, 하루에 12시간이나 먹는다고 해. 또 자기 몸무게의 50배가 넘는 똥을 공처럼 굴려서 땅속에 묻고 그 속에 알을 낳아.

　쇠똥구리는 쇠똥을 먹어서 쇠똥이 땅을 오염시키는 것을 줄여 줘. 쇠똥구리가 땅속에 묻은 똥은 땅을 기름지게 하지. 뿐만 아니라 쇠똥에 파리가 알을 낳아도, 쇠똥구리가 그 똥을 땅에 묻기 때문에 파리를 줄여 주는 역할도 하고 있어.

　아쉬운 것은 이렇게 멋진 역할을 하는 쇠똥구리가 점점 줄어들고 있다는 거야. 쇠똥구리는 사람이 사는 환경을 깨끗하게 만들어 주는데, 사람은 자꾸만 환경을 오염시켜서 쇠똥구리가 살 수 없게 만들고 있어.

 붉은색은 나에게 맡겨라

암컷 연지벌레

코치닐을 만드는 연지벌레는 중남미 지역의 선인장에 살아. 수컷은 갈색에 날개가 있지만, 암컷은 붉은색에 날개가 없지. 이 암컷 연지벌레의 몸에서 붉은 색소인 코치닐을 뽑아내는 거야.

코치닐은 햄이나 맛살, 어묵, 딸기 우유, 붉은색을 내는 화장품 등에 주로 사용되고 있어. 상품의 포장지에 '천연 색소(코치닐 추출 색소)'라고 되어 있는 것이 바로 이 암컷 연지벌레가 들어 갔다는 것이지.

그런데 최근 들어 코치닐의 위험성이 제기되고 있어. 아무래도 동물에서 추출하다 보니 동물성 단백질도 함께 섞이는데, 이 때문에 심각한 알레르기 증상이 일어날 수 있다는 거야. 부작용이 보고되는 일이 점점 늘고 있다니, 조심해서 나쁠 건 없겠지?

곤충, 축제가 되다

　최근에 우리나라 각 지역에서 곤충을 이용해 특성화 사업을 하고 있어. 일례로 무주, 함평, 예천 등의 지역에서는 곤충 축제를 열고 있지. 아름다운 곤충을 소재로 축제를 열고, 다른 지역 사람들을 불러들이는 거야. 그 지역 사람들에게는 훌륭한 관광 사업이 되고, 축제에 참가하는 사람들에게는 특별한 추억이 되지. 곤충에 대해서 다양하게 알 수 있는 기회가 되기도 하고.

 맞아요. 저번에 무주 반딧불이 축제에 갔을 때 정말 재미있었어요. 그때 엄마가 엄청 투덜댔지요.

 곤충 요리한다고 매일 곤충 들여다보는 것도 싫은데, 모처럼의 휴가인데 또 곤충을 보러 가자니까 그랬지.

늦반딧불이

　곤충을 먹는 것과 보는 것은 달라. 곤충 축제에 가면 쉽게 보지 못하는 특별한 곤충을 만날 수 있고, 곤충의 생김새나 한살이도 자세히 알 수 있어. 게다가 곤충뿐 아니라 아름다운 풍경과 나무와 풀, 예쁜 꽃도 볼 수 있어. 물론 재밌는 추억도 함께 만들 수 있고 말이야. 무주 반딧불이 축제에서 본, 밤하늘에 별처럼 반짝거리는 반딧불이는 지금도 생생하게 기억이 나. 정말 아름다웠지.

다음에는 함평 나비 축제에서 예쁜 나비들이 춤을 추는 모습을 보고 싶어. 어쩌면 내 손 끝에 예쁜 흰나비가 살짝 내려앉지 않을까?

애완동물로 사랑받는 곤충

아빠, 이번에는 제가 이야기할게요.

내가 키우는 장군이를 소개할게. 장군이는 장수풍뎅이야. 나뿐만 아니라 내 친구들도 장수풍뎅이, 사슴벌레, 귀뚜라미, 누에 등을 키우고 있어. 곤충은 이미 개, 고양이, 물고기처럼 애완동물로 자리잡았지.

작년 9월 12일이었어. 내가 장군이를 만난 날이. 그날 엄마를 따라 마트에 갔다가 투명한 플라스틱 통 안에서 꼬물거리던 애기 장군이를 본 거야. 다른 애벌레들은 톱밥 속에 숨어 있는데, 장군이만 톱밥 밖으로 나와서 머리를 흔들고 몸을 접었다 폈다 하며 활발하게 움직이고 있었지.

엄마에게 나 혼자의 힘으로 장군이를 키우겠다는 맹세를 세 번이나 하고 나서야, 장군이를 집에 데려올 수 있었어. 그 후 우리 장군이는 아주 큼직하고 멋진 장수풍뎅이로 탈바꿈했어. 장군이가 어떻게 자랐는지 궁금하지?

두구두구두구~.

자, 씩씩하고 멋진 장군이의 성장기를 공개합니다!

장수풍뎅이 장군이의 한살이

9월 12일 관찰

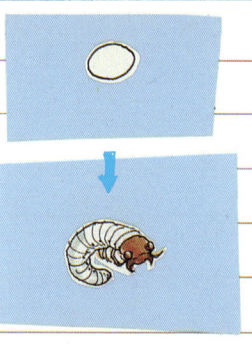

장수풍뎅이 애벌레를 사 왔다. 이 녀석에게 장군이라는 이름을 지어 줬다. 장군이가 살 사육통에 발효시킨 참나무 톱밥을 깔고 장군이의 놀이터가 될 참나무 토막도 넣어 주었다. 장군이를 사육통에 살짝 내려놓자, 장군이는 주위를 살피듯 머리를 들었다가 천천히 톱밥 속으로 파고들어갔다.

10월 25일 관찰

장군이는 허물을 벗으며 무럭무럭 잘 자라고 있다. 장수풍뎅이 애벌레는 흙 속의 영양분을 먹고 자란다고 한다. 톱밥도 갈아 주고, 흙이 촉촉하도록 분무기로 물도 뿌려 주었다.

5월 20일 관찰

겨울이 지나고 봄이 되자, 장군이가 번데기 방을 만들고 갈색의 번데기로 변신했다. 신기하다. 이때는 절대 번데기를 만지거나 사육통에 충격을 주면 안 된다. 나는 장군이가 무사히 어른벌레가 되기를 간절히 기도했다.

관찰 기록장

6월 5일 관찰

드디어! 장군이가 번데기 방을 나왔다. 어른 장수풍뎅이보다 색은 연하지만 다리랑 날개가 생겼다. 어른벌레가 된 장군이에게 작은 뿔이 보인다. 장군이는 수컷이었던 것이다! 그런데 장군이가 톱밥 밑에서 꼼짝도 안 한다. 왜 그러는지 걱정이다.

6월 15일 관찰

장군이가 톱밥 위로 올라왔다. 날개가 검은색으로 변하고 딱딱해졌다. 그동안 굶은 장군이에게 젤리를 줬다.

6월 20일 관찰

장군이는 어느새 다 컸다. 반짝이는 검은 날개가 정말 마음에 든다. 머리에 긴 뿔이 있는데, 자세히 살펴보니 가슴등판에도 뿔이 있다. 이제 장군이를 장가보내야 하는데…. 예쁜 신부 장수풍뎅이를 구해 줘야겠다.

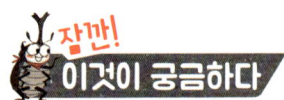

먹거리로서의 곤충은?

번데기 번 번 번데기

어때? 곤충들이 우리 인간을 위해서 정말 많은 일들을 하고 있지?

정말 그러네요. 몰랐어요.

사실 곤충은 사람들의 사랑을 받아 온 오랜 먹거리이기도 해. 내가 양송이만 했을 때였어. 방에서 친구들이랑 수수께끼 카드놀이를 하고 있으면, 거리에서 "번데기, 번, 번, 번데기~!" 하는 소리가 들려오곤 했지.

일주일에 두세 번, 리어카에 솥단지를 걸고 번데기와 다슬기를 파는 아저씨가 왔어. 그때는 마을을 돌아다니며 번데기나 떡볶이, 달고나, 뽑기, 엿 등을 파는 리어카 장수가 많았거든. 그럼 100원짜리 동전을 쥐고 달려 나가서 아저씨를 불렀지.

　아저씨에게 100원을 건네면, 아저씨는 솥에서 번데기를 국자로 퍼서 깔때기 모양으로 접은 종이봉투에 담아 줬어. 이쑤시개로 번데기를 하나씩 찍어 먹다 보면, 어느새 번데기 국물이 종이 깔때기 밑으로 줄줄 새곤 했지.

　그런데 사실, 이때만 해도 난 번데기가 뭔지 몰랐어. 그냥 맛있는 군것질거리였을 뿐이지.

　이미 눈치챘겠지만, 번데기는 곤충이야. 누에나방의 번데기지. 누에 애벌레가 명주실로 고치를 만들고 그 속에서 번데기로 변신한다고 했지? 그 번데기가 바로 아주 담백하고 영양 만점인 먹거리가 되지.

　번데기는 오래전부터 우리나라에서 많이 먹어 왔어. 어떤 때는 건강을 지키는 약으로도 이용되었지. CNN이라는 미국의 방송국에서 '여행자를 위한 식용 곤충 10'을 발표했는데, 8위가 바로 번데기 요리였어. 특히 한국에 가면 번데기 요리를 먹어 보라고 권할 만큼 번데기는 우리나라의 대표적인 식용 곤충 요리이지.

번데기

지금 생각해 보면 내가 곤충 요리에 관심을 가지게 된 건, 아마 어렸을 적에 맛나게 먹었던 번데기 덕분인 것 같아.

참! 나한테 번데기를 먹던 추억이 있는 것처럼 옆집 할아버지에겐 굼벵이를 먹던 추억이 있다고 해. 할아버지는 어렸을 적에 친구들과 함께 소에게 먹일 풀이나 불을 땔 땔감을 구하러 산에 자주 갔었대. 그때마다 각종 군것질을 하는 재미가 있었다지. 주로 열매를 따먹었지만, 가끔은 메뚜기를 잡아서 불에 구워 먹고, 또 어떤 때는 나무 밑동 근처를 파서 굼벵이를 잡았대. 그 굼벵이를 깻잎에 올린 후 돌돌 말아 먹는 거지. 살아 있는 굼벵이를 먹었다니, 믿을 수 없다고?

음…, 할아버지가 어렸을 적에는 먹거리가 흔하지 않았어. 특히 고기는 일 년에 몇 번, 특별한 날에나 먹을 수 있을 만큼 귀했지. 그러니 고기 대신 굼벵이나 메뚜기 등의 곤충을 먹어서 단백질 같은 영양분을 보충했던 거야. 이처럼 곤충은 오랫동안 사람들의 영양을 챙겨 준 먹거리이기도 했어.

예전에는 곤충을 자연스럽게 먹었다는 게 신기해요. 그런데 왜 요즘은 안 먹게 되었어요?

그럼, 이번에는 왜 곤충을 안 먹게 되었는지, 그리고 이제는 왜 먹을 수밖에 없는지 그 이야기를 들려줘야겠구나.

굼벵이란?
매미, 풍뎅이, 사슴벌레, 꽃무지, 장수풍뎅이 등의 애벌레를 말해요. 우윳빛 피부에, 짧고 통통한 모양이에요.

2장 왜 곤충을 먹어야 할까?

인간이 곤충을 먹기 시작한 건 아주 오래전, 농사를 짓고 가축을 키우기 전부터였어. 애벌레, 개미, 메뚜기는 단백질을 손쉽게 얻을 수 있는 중요한 음식이었지.

중국만 해도 약 3,000년 전부터 곤충을 먹어 왔다고 해. 식용 곤충의 종류도 180여 종이나 되고, 각 지방마다 독특한 곤충 요리를 발전시켜 왔지. 흑룡강성에는 개미를 넣은 두부가 있고, 강서성에는 동충하초를 넣은 오리 요리가 있어. 태국이나 라오스 같은 동남아시아의 여러 나라도 마찬가지로 곤충을 즐겨 먹어 왔어.

아시아가 아닌 서구 사람들의 역사에도 곤충을 먹었다는 기록이 있어. 2,300년 전, 고대 그리스의 철학자 아리스토텔레스는 〈동물지〉라는 책에서 이렇게 말했어.
"매미는 땅속에서 마지막 껍질을 벗기 전 애벌레일 때가 가장 맛이 좋다."
아마, 아리스토텔레스는 매미 애벌레 요리를 꽤 좋아했나 봐. 또 고대 로마의 귀족들은 딱정벌레 애벌레 요리를 즐겨 먹었다고 해.
성경에도 식용 곤충에 대한 다음과 같은 기록이 있어.
"곤충 중에 땅에서 뛰는 것인 메뚜기, 귀뚜라미 종류는 너희가 먹을 수 있다."
이슬람교의 성서인 코란에도 마호메트가 제자들에게 설교를 하며 메뚜기를 먹었다는 기록이 있어. 또 중동의 고대 국가인 아시리아의 조각상을 보면 메뚜기를 구워 손님에게 대접하는 장면이 있지. 이런 기록들을 보면, 곤충은 인류에게 친근한 먹거리였음에 틀림없어.

아직도 전 세계적으로 보면 20억 명이 넘는 사람들이 곤충을 식품으로 먹고 있어. 곤충 가운데 먹을 수 있는 것도 1,900여 종이나 되지. 중국, 태국 같은 동남아시아 나라를 여행하다 보면, 각종 곤충 튀김을 흔하게 볼 수 있어. 우리나라도 다르지 않았어. 아빠 어렸을 때만 해도 논에 뛰어다니는 메뚜기는 곧잘 반찬이 되어 상 위에 오르곤 했으니까.

그런데 왜 요즘은 먹지 않게 되었을까? 그건 식생활의 변화 때문이야. 우리나라를 보면 서구 문물이 들어오면서 식생활이 많이 바뀌게 되었어. 곤충은 미개한 사람들이 먹는 거라는 생각이 퍼졌고, 소나 돼지, 닭 같은 육류가 풍족하다 보니 굳이 곤충을 먹을 필요가 없게 되었지.

물론 먹거리가 많은 만큼 꼭 곤충을 먹지 않아도 된다고 생각할 수 있어. 하지만 최근에 유엔의 국제 연합 식량 농업 기구(FAO)에서 곤충을 미래 식량으로 지정한 데는 다 이유가 있겠지? 지금부터 그 이유를 살펴보자.

영양 만점 메뚜기

　송이는 소고기나 돼지고기를 잘 먹지 않아. 어릴 때부터 고기를 좋아하지 않는 송이 때문에 송이 엄마는 걱정이 많았지. 송이 엄마는 다양한 요리법으로 고기를 요리해 보았지만, 송이의 입은 크게 벌어지지 않았어.

　그러다 송이가 돼지고기를 먹지 않겠다는 선언을 하는 일이 생겼어. 텔레비전에서 구제역으로 죽어 가는 돼지를 보고 난 뒤부터야. 구제역은 소나 돼지가 잘 걸리는 전염병이야. 한번 발생하면 좁은 우리에 갇혀 사육되는 돼지들에게 걷잡을 수 없이 번져 나가지. 돼지를 키우는 농가에서는 눈물을 머금고 정성껏 키운 돼지들을 땅속에 묻어야 했어.

　이후 송이의 결심은 아주 확고해서 지금까지도 지키고 있어.

고기를 먹지 않으면 키가 크지 않을 거라는 엄마의 걱정과 달리 송이는 잘 자라고 있어. 그건 바로 곤충 요리 덕분이 아닐까 생각해. 송이는 내가 만드는 곤충 요리를 가장 먼저 맛보고, 평가를 해 주곤 하

거든. 단백질이 듬뿍 들어 있는 곤충 요리를 매일 먹고 있으니, 송이의 성장은 걱정할 필요가 없을 거야.

유엔에서 곤충을 미래 식량으로 권장한 이유 중 하나는 바로 곤충의 풍부한 영양 때문이야. 사람들이 소, 돼지, 닭 같은 육류를 먹는 이유는 단백질 때문이지. 단백질은 피부, 혈액, 손톱, 머리카락 등 신체를 만드는 데 없어서는 안 될 중요한 영양소야.

곤충은 소나 돼지와 비교해서 뒤지지 않을 만큼 단백질이 풍부해. 소고기 100그램에 단백질이 20.8그램 들어 있는데, 벼메뚜기에는 단백질이 70.4그램이나 들어 있어. 단백질뿐 아니라 사람의 몸에 필요한 필수 아미노산, 비타민, 철, 칼슘 같은 영양소도 풍부해.

아! 그리고 송이 엄마처럼 미용에 관심이 많은 사람들에게도 꼭 알려 주고 싶은 게 있는데, 곤충에는 피부에 좋은 섬유소나 미네랄이 듬뿍 들어 있어. 그러니까 곤충을 먹으면 예뻐진다는 말씀!

곤충이 환경을 살린다

오! 곤충들이 지구의 미래를 두고 회의를 한대. 무슨 얘기들을 하는지 한번 들어 볼까?

장수풍뎅이

안녕하세요? 오늘 사회를 맡은 장수풍뎅이입니다. 지금부터 지구를 걱정하는 생물들의 모임인 '지걱모' 회의를 시작하겠습니다.
그럼, 오늘의 토론 주제를 먼저 소개하겠습니다.

지구를 걱정하는 모임

주제는 '환경 오염, 걱정만 할 것인가?'입니다. 요즘, 꿀벌이 멸종될 위기에 처한 현실을 걱정하며 정한 주제입니다. 아시겠지만 세계 100대 작물의 71퍼센트가 꿀벌의 도움을 받고 있습니다. 꿀벌이 꽃가루받이를 해 주어야 열매가 맺히지요. 꿀벌이 멸종하면 사과, 배, 체리, 콩, 오이, 호박 같은 수많은 농작물들이 사라질 겁니다. 위대한 과학자 아인슈타인은 꿀벌이 사라지면 인간도 4년 안에 멸종할 거라고 했습니다. 자, 그럼 자유롭게 의견을 말씀해 주시기 바랍니다.

우선 같은 곤충으로서 꿀벌이 자꾸 사라지고 있는 현실이 무척 걱정스럽습니다. 다들 아시겠지만, 꿀벌이 멸종하면 우리 모두가 피해를 입게 될 겁니다. 저는 꿀벌이 위기에 처한 것이 소 때문이라고 생각합니다.

아니, 뭐라고요? 우리가 무슨 잘못이 있습니까? 우리가 꿀벌을 잡아먹기라도 했단 겁니까? 꿀벌이 없어지면, 우리가 좋아하는 풀들도 없어질 거라 우리도 얼마나 걱정을 하고 있는데요!

저도 메뚜기님의 의견에 동의합니다. 우리 꿀벌 실종 사건의 원인 중 하나가 이상 기온이라더군요. 그런데 지구에 이상 기온이 생기는 건 바로, 지구 온난화 때문이지요. 지구 온난화는 온실가스가 많아져서 그렇고요. 그런데 여러분, 소들이 뀌는 방귀나 트림에 온실가스인 메탄가스가 가득하다는 걸 알고 있나요? 소 한 마리가 1년 동안 내보내는 메탄가스가 자동차 한 대보다 많다고 합니다.

억울합니다. 우리가 뀌는 방귀에 메탄가스가 많은 건 사실입니다. 하지만 어디 그게 우리 잘못인가요? 사람들이 고기를 많이 먹고 싶어서 우리를 한곳에 가두어 놓고 매일 엄청난 사료를 먹여 대기 때문입니다. 우리도 방귀나 뿡뿡 뀌면서 살고 싶지 않다고요.

소의 말이 맞아요. 우리 닭들도 하루 종일 좁은 곳에 갇혀서 사료를 먹고, 알을 낳아야 한다고요. 자유롭게 돌아다니며 벌레를 잡아먹고 살았던 건, 먼 옛날 조상님들이나 가능했던 일이죠.

흠…, 얘기를 들어 보니 소를 탓할 건 아닌 것 같군요. 그럼, 인간들이 소나 닭 대신 먹을 것을 개발하면 되지 않을까요?

닭

저…, 메뚜기님이나 귀뚜라미님에겐 죄송하지만, 요즘 사람들이 하는 얘기를 들으니 곤충이 소나 닭 못지않게 영양이 풍부하다고 하더군요. 또 곤충은 키울 때 물과 사료도 적게 들어 환경에 피해를 덜 준대요.

소

저도 얼마 전에 들은 이야기가 있어요. 이웃 농가에서 식용 곤충을 키우는데, 번식력이 뛰어나 순식간에 불어난다고 하더군요. 그리고 곤충은 우리처럼 방귀를 뀌지 않으니, 온실가스를 만들 염려도 없지요.

닭

맞아요. 게다가 우리가 콩이나 옥수수 같은 걸 얼마나 많이 먹어요? 곤충은 소나 닭보다 사료도 적게 먹잖아요. 그걸 식량이 부족한 나라에 보내면 배고픈 사람들에게 도움이 되지 않을까요? 메뚜기님, 어떻게 생각하세요?

소고기 1인분을 만드는 데 곡식 22인분이 필요하다.

메뚜기

흠흠…, 다들 그렇게 빤히 쳐다보시니, 참 부담스럽네요. 아! 급한 일이 있었는데 제가 깜박했네요. 그럼, 저는 이만…. (푸드덕, 폴짝!)

장수풍뎅이

날이 갈수록 나빠지는 지구 환경 때문에 다들 걱정이 많으실 겁니다. 하지만 우리 곤충들에게도 생각할 시간이 필요할 듯하군요. 메뚜기님이 자리를 비우셨으니 아쉽지만 이것으로 '지걱모' 회의를 마치도록 하겠습니다. 모두 조심히 돌아가시기 바랍니다.

어때? 만약 인간이 '지겨모' 회의에 참석한다면 어떤 말을 할까? 먼저 다른 동물들에게 사과부터 해야 할 거야. 지금 지구의 환경 위기는 바로 인간이 만든 결과니까 말이야.

곤충을 먹어야 하는 또 다른 이유를 대라면, 바로 환경 때문이야. 우리는 그동안 소나 돼지, 닭 같은 가축을 길러 왔어. 그런데 가축을 많이 키우게 되면서 환경 또한 오염되었어.

가축을 키우려면 우선 넓은 땅이 필요해. 그래서 울창한 나무들이 자라는 숲을 베어 내고 그 자리에 목장을 만들었지. 나무들이 공기를 깨끗하게 만드는 건 다들 알지? 나무가 사라지는 만큼 공기는 나빠지게 되었어.

그리고 가축의 배설물을 처리하면서 땅과 하천, 바다가 오염되었어. 배설물로 비료를 만들거나 다른 에너지로 바꾸는 방법을 연구하고 있지만, 배설물 처리는 여전히 골칫거리야.

게다가 소나 돼지의 방귀에는 메탄가스가 들어 있어. 메탄가스는 지구의 기온이 점점 올라가는 지구 온난화를 일으키는 온실가스 중 하나야. 가축이 내뿜는 가스는 전체 온실가스의 18퍼센트나 차지한다고 해. 게다가 가축들은 어마어마한 양의 곡식을 먹어치우지. 전 세계 농지의 70퍼센트가 가축의 사료를 재배하는 데 쓰이고 있어.

그에 비해 곤충은 훨씬 적은 사료를 먹고, 온실가스 배출도 거의 하지 않지. 단백질 1킬로그램을 생산하기 위해서 소는 25킬로그램의 사료가 필요하지만, 곤충은 2.1킬로그램 정도만 있으면 된다고 해.

어때? 지구를 위협하는 환경 문제를 해결하는 데 곤충이 도움을 줄 수 있지 않을까?

 식량난 해결의 실마리

 내가 편지 하나 소개해 줄게.
아프리카에서 온 편지야. 잘 들어 봐.

한국 친구들 안녕!
내 이름은 무냐오, 케냐에 살고 있어. 나이는 10살이야.
난 새벽부터 일어나서 학교에 갈 준비를 해.
학교까진 걸어가야 하는데, 3시간쯤 걸리거든.
그렇게 먼 거리를 걸어서 꼭 학교에 가야 하냐고?
내 대답은 두말할 것도 없이, '그래'야.
난 학교에 가는 게 즐거워. 수와 글을 배우는 것도,
친구들과 노래를 하는 것도 즐거워.
그리고 가장 좋은 건, 바로 점심을 먹을 수 있다는 거야!
점심 시간이 되면 선생님이 마당에 큰 솥을 걸고,
콩과 옥수수를 부글부글 끓여. 내가 무척
좋아하는 '기데리'라는 음식이야.

차례대로 그릇에 기데리를 받아 들고 흙바닥에 앉아서 먹는데,
친구들과 함께 점심을 먹는 이 순간이 너무 행복해.
내 동생은 태어난 지 5개월이 되었는데, 무척 말랐어.
엄마가 잘 먹지 못해서 젖이 나오지 않기 때문이야.
작년에 케냐에 심한 가뭄이 들었어. 먹을 물을 구하려고
몇 시간씩 걸어가서 물을 길어 왔어.
물이 나올 때까지 강바닥을 손으로 파내기도 했지.
물이 없으니 곡식도 자랄 수가 없고, 굶어 죽는 아이들도 많아.
난 내 동생도 그렇게 될까 봐 걱정이야.
나는 매일 기도해. 흙먼지가 풀풀 날리는 이 땅에 비가 내리고,
곡식이 가득 차게 해 달라고. 그래서 엄마와 내 동생이
배불리 먹을 수 있는 날이 오게 해 달라고.
나는 축구 선수가 되는 게 꿈이야.
튼튼한 두 다리로 힘껏 달리며, 신나게 공을 차고 싶어.
내 동생에게도 축구를 가르쳐 줄 거야.
언젠가, 그런 날이 오겠지?

케냐에서, 무냐오가

 무냐오가 먹은 기데리란 음식, 먹어 본 적 있어요. 아프리카 체험을 하는 행사에서요. 냄새는 구수했는데, 맛은 별로였어요. 퍽퍽하고, 목이 메었어요. 난, 매일 먹으라면 못 먹을 것 같아요.

기데리

그랬구나. 하지만 기데리는 케냐의 서민들이 즐겨 먹는 음식으로, 무냐오에겐 하루 한 끼 먹는 기데리가 너무나 소중한 음식이야.

주위를 둘러보면 먹을 것이 넘쳐 나는 것 같지만, 세상에는 굶주리는 아이들이 많이 있어. 전 세계 아이들 4명 중 1명이 영양이 부족해서 제대로 자라지 못하고 있고, 한 시간에 300명이나 되는 아이들이 영양실조로 죽어 가고 있지.

최근 전 세계에서 이상 기온으로 가뭄이 계속되어 곡물 생산이 줄

어들었어. 곡물 가격은 더욱 높아졌고, 가난한 사람들은 식량을 살 수 없게 되었지. 그래서 아이들의 영양실조는 더 심각한 상황이 되었어.

이렇게 식량이 부족해서 영양을 제대로 섭취하지 못하면 상황은 계속 나빠질 거야. 아이들은 제대로 자라지 못하고, 학교에서 공부를 하는 대신 먹을 것을 구하기 위해 일을 해야 하겠지. 그러다 보면, 가난은 계속 되풀이될 수밖에 없어.

2050년이 되면, 세계 인구는 90억 명을 넘어설 거라고 해. 현재 인구가 약 73억 명이니, 그때가 되면 지금보다 훨씬 더 많은 식량이 필요해질 거야. 인구수가 늘어나는 만큼 식량을 더 많이 생산할 수는 없기 때문에 굶주리는 사람이 더 많아지겠지. 그래서 미래를 준비할 새로운 먹거리가 필요한 거야.

전 세계 토지의 30퍼센트가 가축 사육에 쓰이고 있어. 또 농지의 70퍼센트는 가축이 먹는 사료를 재배하는 데 쓰이고 있지. 고기 대신 곤충을 먹게 되면, 우리가 먹을 곡식을 키울 농지가 더 많아져서 식량 생산도 늘어나게 될 거야. 그럼, 가난한 나라에 더 많은 식량을 지원해 줄 수도 있겠지?

이렇게 곤충은 현재의 그리고 앞으로 다가올 식량난을 해결할 실마리가 될 수도 있어.

3장 세계의 다양한 곤충 음식

앞에서 곤충이 미래의 중요한 식량 자원이 될 거라는 건 설명했지? 우리나라에서는 이미 오래전부터 곤충을 한약재나 간식 혹은 반찬으로 먹어 왔다는 것도 함께 알아봤고.

뭐라고? 아무리 생각해도 곤충을 먹는 건 미개한 것 같다고? 음, 과연 그럴까? 우리나라 말고도 곤충을 먹고 이용하는 나라들은 참 많아. 물론 아직 과학 기술과 산업이 덜 발달한 곳에서 곤충을 먹는 경우가 더 많기는 하지. 하지만 미국과 오스트레일리아, 유럽에서도 곤충을 먹고 있어.

사실 최근에는 여러 선진국에서 식용 곤충에 관심을 가지고 전문적

으로 연구를 하고 있어. 식용 곤충이 우리 미래를 위한 중요한 식량 자원이고, 환경을 보호하는 데도 큰 도움이 된다고 생각하지. 그리고 우리가 먹는 어떤 먹을거리와 비교해도 뒤지지 않는 훌륭한 먹을거리라는 걸 인정하고 있어. 그래서 미국, 오스트레일리아, 뉴질랜드, 캐나다 등의 선진국에서도 곤충 요리를 파는 식당이 생기고 있어. 식용 곤충으로 새로운 요리를 선보이는 요리 대회도 있고. 흠흠, 이 아빠도 식용 곤충 요리 대회에 도전하려고 새로운 요리를 개발하고 있지.

그럼, 다른 나라 사람들은 어떤 곤충 요리를 먹는지, 그들이 자랑하는 곤충 요리를 만나 볼까?

중국

모기 눈알 수프

이 얘기는 서태후가 모기 눈알 수프를 먹었다는 내용을 토대로 각색한 것입니다.

요리사를 벌벌 떨게 했던 이 황후는 바로 서태후야. 청나라 시절 여섯 살 난 아들이 황위에 오르자, 아들을 대신해 나라를 좌지우지했던 여걸이지. 이 서태후가 모기 눈알 수프를 즐겨 먹었다고 해.

잠깐! 아빠, 모기가 얼마나 쪼그마한데 그 모기의 눈알을 구할 수가 있어요? 아무리 생각해도 모기 눈알 수프는 뻥인 거 같아요.

우리 송이가 제법 날카로운걸? 맞아. 사실 사람이 모기를 잡아서 그 눈알을 구하는 건 정말 어려울 거야. 게다가 모기에서 눈알을 구한다 해도, 도대체 얼마나 많은 모기를 잡아야 수프를 끓일 수 있을지 나도 상상이 안 되더라. 그런데 의외로 모기 눈알을 구하는 쉬운 방법이 있어. 좀 더럽기는 하지만 말이야.

중국에는 동굴이 아주 많아. 동굴 대부분에는 박쥐가 살지. 그런데 그중 모기를 좋아하는 박쥐가 있는데, 유독 모기 눈알만은 잘 소화를 시키지 못한대. 그래서 모기 눈알은 박쥐 똥에 섞여 밖으로 나오는데, 그 똥을 모아서 물에 씻으며 촘촘한 체에 잘 걸러 내면 모기 눈알만 남는 거야.

아마도 서태후는 자기가 먹은 모기 눈알을 구하는 방법까지는 몰랐을 거야. 그렇지? 크하하하!

캄보디아

곤충 볶음 요리

나는 곤충을 먹는다고 했을 때 제일 먼저 떠오르는 모습이 있었어. 캄보디아, 태국 같은 동남아시아 나라들의 길거리에서 파는 다양한 곤충 튀김과 볶음 요리였지. 예전에 우리나라 길거리에서 종이컵에 번데기를 담아 팔던 것처럼 말이야.

캄보디아는 아주 풍요로운 나라야. 땅은 비옥하고 물도 풍부하지. 식물이 자라는 데 꼭 필요한 햇빛도 심하다 싶을 정도로 쨍쨍 내리쬐고 말이야. 먹을 것이 풍부하니, 요리도 그만큼 다양하게 발달했지.

하지만 캄보디아는 내전으로 아주 힘든 시기를 겪었어. 전쟁 중에는 농사를 짓고 가축을 키우기가 힘들잖아? 사람들은 먹을 것이 없자 곤충을 잡아먹었는데, 그때부터 다양한 곤충 요리가 발달했다고 해.

캄보디아의 대표적인 식용 곤충은 개미와 거미, 물방개야. 개미만 볶아서 먹기도 하고, 개미와 개미알을 같이 볶아서 먹기도 해. 쇠고기, 각종 채소와 함께 볶은 요리도 아주 맛이 좋지. 아빠가 먹은 개미는 고소한 맛이 났어.

길거리에서 파는 다양한 곤충 음식들

흠~ 고소한 냄새.

길거리에서는 파는 물방개 볶음도 인기인데, 단단한 날개를 떼어 내고 부드러운 속살만 먹어. 물방개 외에도 매미, 메뚜기, 땅강아지, 귀뚜라미 심지어 바퀴벌레 볶음 요리도 있지. 곤충 튀김은 마른 새우와 맛이 비슷하더라.

캄보디아에는 곤충 요리 말고도 아주 독특한 요리가 있어. 그건 바로 바로 바로~ 독거미 타란툴라 요리! 커다란 타란툴라 한 마리가 접시에 앉아 있는 모습이란! 솔직히 정말 먹어도 될까 싶었고, 소름도 돋았어. 타란툴라가 당장이라도 달려들 것 같았거든.

하지만 용기를 내서 검은 털이 수북한 다리 하나를 떼어 내 입에 넣었는데! 으하하하! 고소하더라고. 다리는 바삭바삭하고 머리와 몸통에는 하얀 속살이 있어서 부드러워.

시장에 가면 타란툴라 튀김을 살 수 있어. 바삭하게 튀긴 타란툴라에 매콤달콤한 소스가 곁들여져서 아주 맛있지. 요리하기 전에 위험한 독침은 미리 잘라 내니까 걱정하지 않아도 돼.

타란툴라 튀김

오스트레일리아

위체티 크럽

오스트레일리아에 가면, 위체티 크럽을 먹으래. 위체티 크럽은 나무뿌리의 즙을 빨아 먹고 사는 여러 나방의 애벌레를 말해. 어른 손가락보다 훨씬 길고 통통하지.

위체티 크럽은 고소한 버터 맛이 나. 오스트레일리아의 원주민은 위체티 크럽을 산 채로 그냥 먹기도 하고 불에 살짝 구워 먹기도 해. 위체티 크럽과 함께 다양한 과일과 씨앗, 견과류, 채소 등을 곁들여 먹는데, 이렇게 자연 상태 그대로 먹는 걸 '부시 터커'라고 해. 요즘 레스토랑에서는 부시 터커에 위체티 크럽 대신 악어나 캥거루, 도마뱀 고기를 내놓는다니, 위체티 크럽 대신 넣는 고기도 참 오스트레일리아답지?

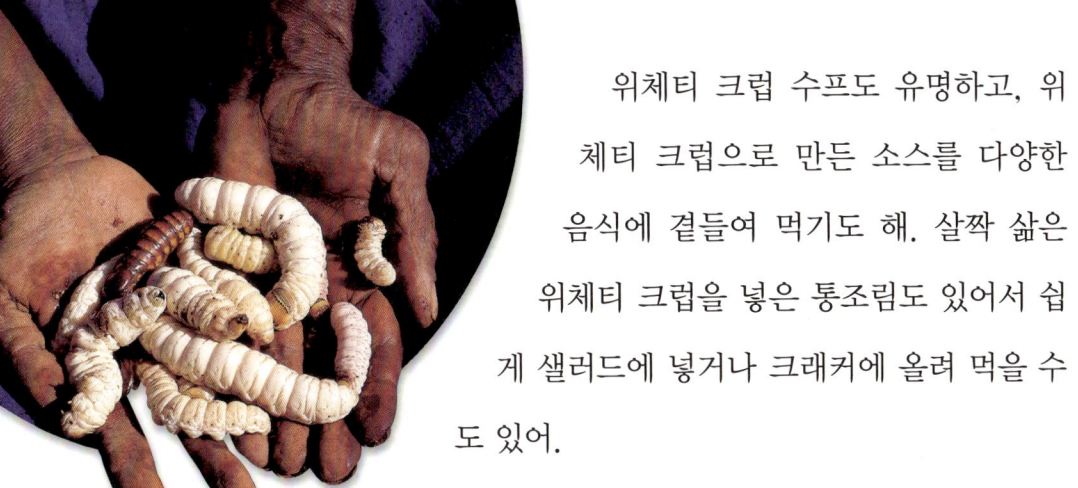

위체티 크럽 수프도 유명하고, 위체티 크럽으로 만든 소스를 다양한 음식에 곁들여 먹기도 해. 살짝 삶은 위체티 크럽을 넣은 통조림도 있어서 쉽게 샐러드에 넣거나 크래커에 올려 먹을 수도 있어.

위체티 크럽 파스타

미국

귀뚜라미 버거

만약 식용 곤충으로 버거를 만들면 어떨까? 흔히 햄버거라고 하면 빵 사이에 햄이나 고기 패티, 각종 채소를 넣고 소스를 뿌려서 먹는 음식이지. 고기 패티는 주로 소고기로 만들고 말이야.

그런데 뉴욕의 한 식당에서 버거에 소고기 패티 대신 귀뚜라미를 넣어 팔고 있어.

와! 그럼 그건 햄버거가 아니라 귀뚜라미 버거네요? 어떤 맛인지 궁금해요.

귀뚜라미 버거는 말린 귀뚜라미를 통째로 넣어서 만들어. 식당에서 처음 귀뚜라미 버거를 팔 때는 잘 안 팔릴 거라고 예상했대. 빵 사이에 누워 있는 귀뚜라미를 보고 손님들이 싫어할 거라고 생각한 거야. 그런데 막상 귀뚜라미 버거를 내놓자 손님들의 반응이 꽤 좋았다고 해. 귀뚜라미 버거를 먹기 위해 일부러 멀리서 찾아오는 손님도 있고 말이야. 어쩌면 귀뚜라미뿐 아니라 다양한 곤충을 넣은 버거도 계속 개발될지 모르지.

   그 식당에서는 귀뚜라미 버거를 친환경 미래형 버거라고 소개하고 있어. 앞에서 알아본 것처럼, 곤충은 소를 키우는 것보다 훨씬 환경 오염을 덜 시키고, 미래에 다가올 식량난을 해결하는 데 큰 도움을 줄 수 있으니 참 멋지고 꼭 맞는 설명이지?

친환경 미래형 버거

보츠와나

모파인 벌레 요리

이번엔 보츠와나에서 편지가 왔어.

안녕? 나는 세레체야. 나는 보츠와나에서 살아. 보츠와나는 아프리카 남쪽에 있는 나라야. 영국의 지배를 받다가 1966년에 독립했지.

우리 보츠와나는 남아프리카에 있는 나라들 중에서는 잘사는 편에 속해. 다른 나라들은 석유나 다이아몬드를 서로 빼앗으려고 같은 나라 사람들끼리 전쟁을 벌이지만, 우리 보츠와나 사람들은 평화롭게 열심히 일하며 살아왔지.

우리 아빠는 보츠와나의 초대 대통령을 아주 존경해서 내 이름도 그분의 이름을 따서 '세레체'라고 지었대. 하지만 나는 아빠의 얼굴도 기억이 안 나. 엄마도 그렇고. 두 분은 내가 어렸을 적에 돌아가셨거든. 아주 무서운 병에 걸렸다는데 나는 잘 몰라. 그냥 할아버지가 그렇게만 말씀해 주셨거든.

그래서 나는 지금 여동생 마쿠치와 살고 있어. 내가 소년 가장인 셈이야. 그래도 걱정 없어. 나는 열심히 일해서 돈을 벌고, 그 돈으로 마쿠치와 먹을 음식을 살 수 있으니까.

내가 무슨 일을 하냐고? 나는 모파인 벌레를 잡아.

모파인 벌레는 보츠와나를 대표하는 곤충이고, 모파인 벌레 사업도 보츠와나에서는 아주 큰 사업이야. 5풀라짜리 동전에 모파인 벌레가 새겨져 있을 정도라니까.

모파인 벌레는 황제나방의 애벌레야. 주로 모파인 나무를 먹기 때문에 모파인 벌레라고 부르지. 모파인 벌레는 노랗고 푸른 무늬에 가시와 흰 털이 있는 화려한 애벌레야. 내 손가락보다 더 길고 굵지.

1년에 두 번, 우리 남매는 마을 사람들과 함께 모파인 벌레를 잡으러 가. 모파인 나무가 많은 곳에서 먹고 자면서 모파인 벌레를 잡지.

사실 모파인 벌레를 잡는 일은 재미있지는 않아.

쨍쨍 내리쬐는 햇볕 아래에서 모파인 나무에 붙어 있는 벌레를 손으로 한 마리씩 잡아야 하고, 한눈을 팔다가는 모파인 벌레의 날카로운 가시털에 손가락을 찔릴 수도 있어. 하지만 불평을 할 수는 없지. 어쨌건 모파인 벌레를 팔아서 우리 남매가 먹고사는 거니까.

내가 모파인 벌레를 잡아서 양동이에 넣으면, 동생은 모파인 벌레를 힘껏 쥐어 짜. 그러면 내장이 빠져나오는데, 그런 다음 모파인 벌레를 말리면 돼.

저녁 무렵, 도매 상인이 트럭을 몰고 와서 모파인 벌레를 사 가. 말린 모파인 벌레는 쫄깃하지만 특별한 맛은 없어. 내장을 빼서 말린 모파인 벌레를 토마토나 양파 같은 채소들과 함께 끓여서 먹어.

모파인 벌레뿐 아니라, 노린재, 개미, 메뚜기도 우리가 흔히 먹는 곤충이야. 우리는 소, 돼지, 닭 같은 고기를 먹기 힘들기 때문에 이런 곤충들로 단백질을 보충하지.

참, 저번에 영국인 관광객이 우리 마을에 왔었는데, 그 사람들은 우리가 곤충을 먹는 걸 보고 깜짝 놀라더라고. 눈이 휘둥그레진 채 인상을 쓰며 놀라던 그들의 표정을 잊을 수가 없어. 내가 열심히 만든 요리였는데, 조금 실망했지.

내 꿈은 요리사야. 나중에 크면 우리 보츠와나를 찾아오는 관광객들에게 정말 맛있는 요리를 대접해 주고 싶어.

너희가 사는 한국은 어떠니? 한국에서도 곤충을 먹니? 한국 사람들은 어떤 음식을 먹는지 궁금해. 나에게 맛있는 요리 레시피를 알려 줘. 내가 꿈을 이루는 데 큰 도움이 될 거야.

안녕, 잘 지내.

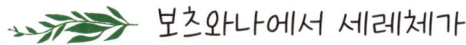 보츠와나에서 세레체가

세레체가 잡는 모파인 벌레는 아프리카 대부분의 나라에서 흔히 먹는 곤충이야. 그만큼 다양한 모파인 벌레 요리가 있지. 모파인 벌레를 모닥불의 재 속에 넣어서 익혀 먹기도 하고, 수프로 끓여 먹기도 해. 튀김으로도 먹고 말이야.

모파인 벌레

아프리카 시장에는 육포처럼 말린 모파인 벌레를 흔히 볼 수 있어. 간식으로 아주 인기지.

모파인 벌레 볶음

 아빠, 우리나라에서 먹는 식용 곤충은 농장에서 키우지 않아요? 그런데 보츠와나의 세레체는 모파인 벌레를 잡으러 다니네요?

오~ 역시 우리 송이는 날카롭단 말이야.

맞아. 보츠와나를 비롯해 태국, 라오스, 캄보디아 등의 나라에서는 직접 채집한 곤충을 먹는 경우가 더 많아. 그래서 국제 연합 식량 농업 기구(FAO)에서 안전하게 식용 곤충을 키우는 방법을 연구하도록 지원해 주고 있어.

내가 곤충 요리를 시작할 무렵 라오스에 간 적이 있어. 라오스는 식품 가게랑 시장에서 흔히 곤충을 살 수 있을 만큼 곤충을 많이 먹지. 그때 곤충 채집하는 걸 직접 봤었어. 냇가에서 물고기를 잡을 때 쓰는 그물처럼 생긴 도구를 사용했는데, 그물이나 넓은 비닐 양쪽에 긴 막대를 끼우고 그것으로 풀밭을 훑으니 각종 곤충들이 잡히더라고. 그 곤충을 시장에 내다 파는 거였어.

물론 우리나라에서도 풀밭에서 메뚜기를 잡아서 먹기도 하지만, 공식적으로 식품 원료로 인정받는 식용 곤충들은 깨끗한 시설에서 키운 안전한 곤충들이어야 해. 식용 곤충은 우리가 먹는 식품이니만큼 철저하게 관리되어야 하지.

잠깐! 이것이 궁금하다

세계인이 가장 즐겨 먹는 식용 곤충은?

바로 바로 귀뚜라미입니다!

식품 원료 인정
쌍별귀뚜라미

귀뚜라미는 아프리카, 아시아, 아메리카와 유럽 등 전 세계에서 먹는 식용 곤충이야. 미국의 대표적인 신문인 타임지가 발표한 '세계에서 가장 균형 있는 영양소를 가진 곤충 요리 재료'에서 1위를 했을 만큼 영양도 풍부하지. 우리나라에도 식용 곤충으로 귀뚜라미만 연구하는 전문가가 있고, 식품

곤충 아이스크림

곤충 초콜릿

의약품 안전처에서도 쌍별귀뚜라미를 식품 원료로 인정했어. 쌍별귀뚜라미는 우리나라 토종 귀뚜라미는 아니야. 곤충을 먹는 동물들의 사료로 쓰기 위해 수입한 외래종 귀뚜라미인데, 우리나라 농가에서도 대량으로 키우고 있지. 귀뚜라미는 잡식성이라 뭐든 잘 먹어서 대량으로 키우기가 좋아.

귀뚜라미는 깨끗이 씻어 끓는 물에 데친 다음 바싹하게 말려서 먹는데, 튀김으로도 먹고, 마른 멸치나 새우처럼 간장과 설탕을 넣고 볶아서 밥반찬으로 먹기도 해.

그럼, 다른 나라 사람들은 귀뚜라미를 어떻게 먹을까? 귀뚜라미 버거는 아까 소개했지? 미국에서는 귀뚜라미를 넣은 막대 사탕도 판매되고 있어. 투명한 사탕 속에 귀뚜라미가 통째로 들어 있지. 또 초콜릿이나 아이스크림에도 귀뚜라미를 비롯한 다양한 곤충들이 재료로 들어가 있어.

귀뚜라미 튀김

또 어떤 회사에서는 귀뚜라미를 가루로 만들어서 밥 대신 먹을 수 있는 에너지바를 만들어 팔고 있어. 이 에너지바 하나에는 귀뚜라미가 무려 35마리나 들어간다고 해.

일본, 중국에서는 곤충 초밥을 먹을 수 있어. 메뚜기, 개미, 지네, 사마귀, 매미 등을 양념에 넣고 졸여서 고소하고 새콤한 초밥 위에 올리는 거야. 당연히 귀뚜라미 초밥이 빠질 수 없지. 일본에는 곤충 초밥 전문가도 있대.

곤충 초밥

라오스, 태국, 캄보디아, 중국에서는 귀뚜라미를 튀겨서 달콤 짭조름한 양념을 묻혀서 먹어. 길거리 어디에서나 흔히 볼 수 있는 요리지.

캐나다는 곤충 요리를 전문적으로 파는 고급 식당이 많은데, 양념을 바른 귀뚜라미를 약한 불에서 구운 요리가 인기라고 해. 미국의 고속도로 휴게소에서는 말린 귀뚜라미를 살 수 있어.

어때? 이 정도면 가장 즐겨 먹는 곤충이라 할 만하지?

귀뚜라미의 고소한 맛이 일품이군.

오....

귀뚜라미 샐러드

4장
우리나라 식용 곤충 이야기

사실 송이 엄마처럼 대부분의 사람들은 곤충을 먹는 데 거부감을 나타내. 곤충은 먹을 것이 부족한 가난한 나라에서 먹는다, 아무리 먹을 것이 부족해도 곤충은 먹고 싶지 않다고 말하는 사람들도 많아.

하지만 벌써 곤충은 미래 식량으로 우리 앞에 성큼 다가와 있어. 세계의 곤충 음식 소개한 것 잘 봤지? 멕시코, 독일, 프랑스에서는 곤충 통조림을 판매하고 있고, 뉴욕의 한 식당에서는 말린 메뚜기를 넣은 타코를 팔고 있어. 스위스에서는 2016년부터 슈퍼마켓에서 곤충을 판

매하고, 방콕의 북동부 지역에는 귀뚜라미 농장이 2만 개나 될 정도로 곤충 산업이 활발해지고 있지.

처음 서구 사람들이 생선회를 보았을 때는 미개한 요리라고 생각했어. 생선을 조리하지 않고 날로 먹는 게 이상하게 보였던 거야. 하지만 지금 서구에서 생선회는 고급 요리로 인정받고 있어. 이렇게 음식 재료에 대한 사람들의 생각은 시대와 상황에 따라 바뀔 수 있어.

어떤 사람들은 '왜 그렇게 별난 요리를 만드냐?'라며 걱정을 하곤 해. 아직까지 곤충은 식재료로 환영받지 못하고 있으니까.

하지만 내게 곤충은 상상력을 일깨우는 너무나 멋진 식재료야. 별난 취향을 가진 사람만 먹는 신기한 요리가 아니라, 누구나 먹을 수 있는 요리로 만들기 위해서 연구를 하는 게 즐거워.

현재 우리나라에서 식용으로 이용할 수 있는 곤충은 7종이야. 전 세계적으로 먹고 있는 곤충은 1,900여 종이라고 하는데, 그에 비하면 아주 적은 수지?

7종 중에 메뚜기, 누에 번데기, 백강잠은 예전부터 식품으로 인정을 받았어. 그리고 갈색거저리 애벌레와 흰점박이꽃무지 애벌레는 2014년에, 장수풍뎅이 애벌레와 쌍별귀뚜라미는 2015년에 한시적 식품 원료로 인정을 받았지. 우리나라에서는 먹어 본 적이 없는 새로운 식품들은 안전한지 평가한 뒤에, 일정 기간 동안 식품 원료로 사용할 수 있게 한시적으로 허가를 해 줘. 그 기간 동안 문제가 없으면 일반

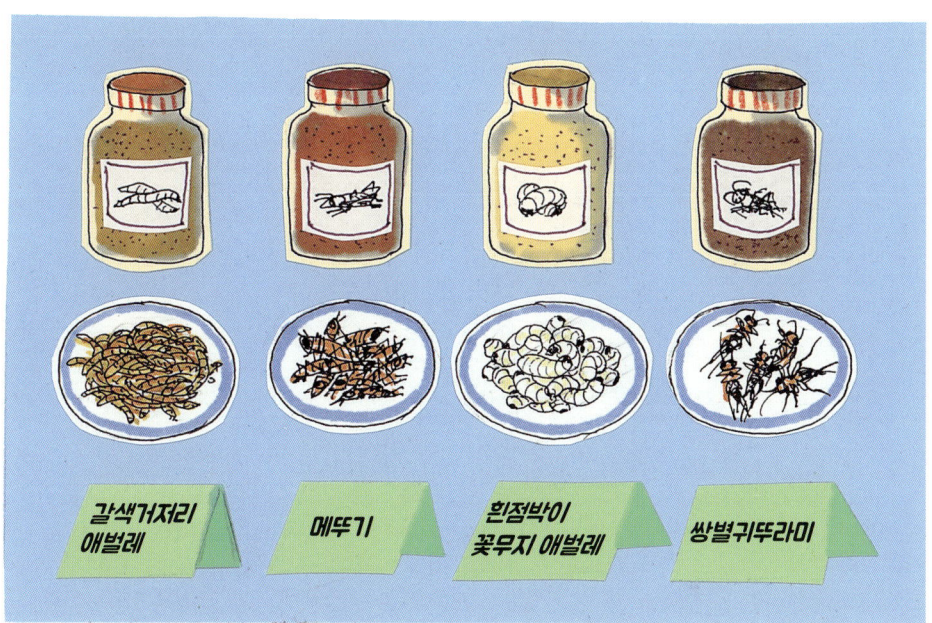

식품 원료로 등록이 되지. 누구나 허가 없이 재료를 사용할 수 있다는 말이야.

갈색거저리 애벌레와 쌍별귀뚜라미는 2016년 3월에 일반 식품 원료로 승인을 받았어. 장수풍뎅이 애벌레와 흰점박이꽃무지 애벌레도 곧 일반 식품 원료로 승인받게 될 거야.

그럼, 지금부터 우리가 앞으로 먹게 될 곤충과 곤충으로 만들 수 있는 요리에 대해 알려 줄게.

메뚜기
(100g 기준)

단백질 70.4g
탄수화물 0g
지방 10.7g

메뚜기는 사람들이 가장 흔하게 먹어 온 곤충이야. 성경이나 코란에도 메뚜기를 먹을 수 있다는 기록이 있어. 우리나라에서도 메뚜기는 간식 겸 반찬으로 애용되었지. 먹을거리가 풍족하지 않았던 시절, 메뚜기는 부족한 영양을 채워 주는 좋은 식품이었어.

메뚜기는 7종의 식용 곤충 중 단백질이 가장 많아. 게다가 단백질 외에도 필수 아미노산, 칼슘, 비타민 등이 들어 있지.

《동의보감》에는 어린아이가 경기를 일으키거나 백 일 동안 기침을 한다는 백일해에 걸렸을 때, 그리고 천식에 메뚜기가 효과가 있다고 나와 있어. 또 소화를 도와주기 때문에 입맛을 좋게 한다고 하지.

우리나라에는 약 60여 종의 메뚜기가 있는데, 그중 우리가 먹는 건 벼메뚜기야. 한때는 농작물을 갉아 먹어 농부들에게 골칫거리였어. 그래서 살충제를 뿌려 벼메뚜기를 없앴지. 하지만 요즘은 메뚜기가 있는 논에서 나온 쌀이 더욱 인기야. 메뚜기는 깨끗한 환경에서 살기 때문에 그만큼 깨끗하게 재배된 쌀이란 뜻이 되니까.

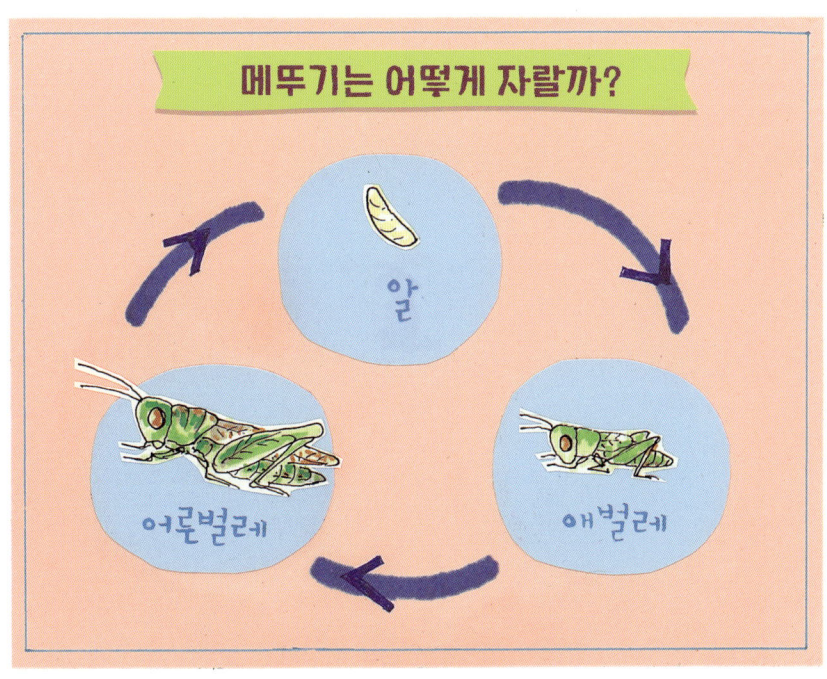

메뚜기는 어떻게 자랄까?

알 → 애벌레 → 어른벌레

누에 번데기
(100g 기준)

단백질 22.3g
탄수화물 1.9g
지방 13.3g

번데기는 고소하고 짭짤한 맛이 일품이지. 요즘은 길에서 쉽게 보기 힘들어졌지만 마트에서는 번데기 통조림을 볼 수 있고, 술안주로도 인기가 많아. 그만큼 번데기는 우리에게 익숙한 곤충 요리야.

그럼, 번데기는 언제부터 먹었

번데기 통조림 사 왔다.

오...

누에가 어떻게 자라는지 궁금하면 16-17쪽을 봐.

을까? 예전에 우리나라에는 제사 공장이 많았어. 제사 공장은 실을 만드는 공장이야. 이 공장에서 대량으로 누에를 키우고, 누에고치에서 실을 뽑았지.

실을 뽑고 나면 번데기가 남는데, 번데기를 버리지 않고 먹게 되었어. 가난한 사람들에게 번데기는 단백질을 보충할 수 있는 좋은 먹거리였지. 번데기에는 단백질, 필수 아미노산 등이 풍부하게 들어 있어. 게다가 번데기는 사료로도 쓸 수 있고, 비누나 식용유를 만드는 데도 사용할 수 있어. 어때? 보기 보다 실속 만점 곤충이지?

백강잠

(100g 기준)

단백질 67.4g
탄수화물 0g
지방 4.3g

누에는 아낌없이 주는 곤충이라고 할 수 있어. 심지어 병에 걸려 죽은 누에도 쓸모가 있어.

백강잠은 백강병에 걸려 죽은 누에를 말해. 백강병은 백강균이 누에에 기생해 생기는 병이야. 백강균에 감염된 누에는 처음에는 티가 잘 안 나지만 점차 움직임이 느려지다가 죽게 돼. 누에가 죽으면 하얗고 딱딱하게 변하는데, 우리 조상들은 예로부터 이런 누에를 약재로 이용해 왔어.

《동의보감》에는 백강잠이 어린아이들이 놀라서 발작을 일으킬 때나

중풍으로 입이 돌아갔을 때, 그리고 피부의 가려움증에 효과가 있다고 되어 있어.

또 누에똥은 '잠사'라고 부르는데, 농사를 지을 때 거름으로 쓰거나 약으로도 쓰여. 누에똥은 관절이 안 좋을 때, 두통이나 신경통이 있을 때 좋다고 해. 똥까지 쓰다니, 누에는 정말 버릴 게 하나도 없는 곤충이지?

갈색거저리 애벌레
(100g 기준)

단백질 50.3g
탄수화물 9.3g
지방 33.7g

갈색거저리 애벌레는 보통 '밀웜'이라고도 부르는데, 주로 애완동물의 먹이로 쓰였어. 농촌 진흥청에서 사람들의 거부감을 없애기 위해 갈색거저리 애벌레의 애칭을 공모했는데, '고소애'가 선택되었어. 고소한 애벌레란 뜻이야.

고소애를 볶아서 내놓으면 처음에는 보통 모두들 꺼려해. 하지만 먹어 보면 고소한 새우 과자 맛이 나서 자꾸만 손이 간다고 하지. '고소애'라는 애칭에 딱 어울리지?

고소애에는 계란과 비슷한 정도의 단백질이 들어 있고, 몸에 좋은 지방도 많아. 한의학에서는 기침이나 가래, 중풍을 치료하는 데 효과가 있다고 해.

고소애를 애벌레 모양 그대로 볶아서 먹거나 빵이나 쿠키에 넣어서 먹어도 좋지만, 말려서 가루로 만들면 우리가 먹는 음식에 다양하게 이용할 수 있어.

고소애를 이용하면 환자들을 위한 고단백 음식도 만들 수 있어. 암 환자나 위나 장에 문제가 있는 환자들은 소고기나 돼지고기를 소화시키기가 힘들어. 하지만 고소애라면 적은 양으로도 단백질을 섭취할 수 있어서 건강을 회복하는 데 도움이 돼.

갈색거저리는 어떻게 자랄까?

알 / 애벌레 / 번데기 / 어른벌레

흰점박이꽃무지 애벌레

(100g 기준)

단백질 57.8g
탄수화물 10.5g
지방 16.5g

　나는 어렸을 때부터 곤충을 좋아했어. 관찰하고 채집하는 게 재미있었지. 내가 다닌 초등학교 운동장에는 큰 나무들이 몇 그루 있었어. 나무에 수액이 흘러내린 자리를 보면 늘 곤충들이 많이 모여 있었지. 그 곤충들을 나뭇가지로 건드려 보기도 하고, 어떤 날은 잡아서 집에 가져오기도 했어. 그때 그 곤충들 중에 흰점박이꽃무지도 있었던 것 같아. 곤충 요리를 하면서 흰점박이꽃무지를 보니 어릴 적 추억이 떠오르더라고.

　흰점박이꽃무지 어른벌레는 까만색 몸에 하얀 무늬가 있어. 우리가

먹는 건 허물을 2번 벗은 3령 애벌레야. 흰점박이꽃무지 애벌레도 고소애처럼 애칭이 있어. 꽃과 굼벵이란 단어를 합친 '꽃벵이'야. 정말 예쁜 애칭이지?

꽃벵이도 앞에서 소개한 다른 곤충들처럼 단백질이 풍부하고, 비타민도 많이 들어 있어. 그리고 《동의보감》에는 꽃벵이가 간이 아플 때 먹으면 좋은 약재로 소개되어 있어.

흰점박이꽃무지는 어떻게 자랄까?

알 — 애벌레 — 번데기 — 어른벌레

꽃벵이는 등으로 기네. 신기하다.

장수풍뎅이 애벌레

(100g 기준)

단백질 38.2g
탄수화물 26.2g
지방 28.7g

송이는 요즘 장수풍뎅이 키우기에 푹 빠져 있어. 이름을 장군이라고 지어 주고 열심히 보살피고 있지. 송이는 장군이가 점점 커 가는 모습을 보면서 무척 신기해했어. 그런데 송이에겐 미안하지만 나는 장군이를 보면서 장수풍뎅이 애벌레로는 어떤 요리를 만들 수 있을까, 하고 생각했어. 송이야, 미안하다. 그렇지만 너의 장군이를 먹겠다는 건 아니야.

장수풍뎅이 애벌레는 건강하게 장수할 수 있도록 도와준다는 의미인 '장수애'라는 애칭을 가지고 있어. 단백질, 탄수화물, 지방이 골고루 들어 있는 영양 많은 식품 재료지.

옛날부터 장수애는 약으로 써 왔어. 심장이나 폐가 안 좋거나 몸이 허약한 사람들이 구워 먹곤 했지.

장수애는 하루에 30번 정도 배설물을 내보내는데, 이 배설물을 톱밥과 섞으면 영양 많은 거름이 돼. 이렇게 만들어진 거름은 친환경 농업에 꼭 필요하지. 맛있는 요리도 만들어 먹고 배설물은 비료로 쓰고, 일석이조지?

쌍별귀뚜라미
(100g 기준)

단백질 26.4g
탄수화물 0g
지방 10.9g

   귀뚜라미가 세계 사람들이 가장 즐겨 먹는 식용 곤충이라는 얘기, 앞에서 했지? CNN이 선정한 여행자를 위한 세계 곤충 요리 1위에 뽑히기도 했어.

   우리나라에서는 쌍별귀뚜라미가 식품 원료로 승인을 받으면서 '쌍별이'라는 애칭을 가지게 되었어. 쌍별이에는 탄수화물, 지방, 단백질이 골고루 들어 있어. 또 비타민 D가 많아서 뼈 건강에 좋다고 해.

   한의학에서는 귀뚜라미가 열을 내리고, 소변이 잘 나오게 돕고, 신경이 마비되는 것을 치료한다고 해서 약재로 사용해 왔어.

곤충은 본래 그대로 조리해 먹는 게 가장 맛이 좋다고 해. 쌍별이 역시 형태 그대로 조리해 먹는 게 맛있지만, 건조시킨 뒤 가루로 만들면 빵이나 과자 등을 만드는 데도 이용할 수 있어. 농촌 진흥청에서는 쌍별이 가루로 귀뚜라미 양갱, 귀뚜라미 국수, 귀뚜라미 빵을 만들어 선보이기도 했어.

자, 귀뚜라미 빵이다.

귀뚜라미는 어떻게 자랄까?

알 → 애벌레 → 어른벌레

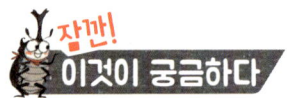

굼벵이 농장에 가다

음식은 맛도 중요하지만, 재료가 어디서 어떻게 자라서 왔는지를 아는 게 더 중요해. 식재료로 쓰이는 곤충은 어디서 오는 걸까?

지난 주말에 송이와 나는 굼벵이를 사육하는 '굼벵이 농장'에 갔어. 농장은 한적한 시골 마을에 있었지. 곤충 사육장 안에는 선반마다 흰점박이꽃무지 애벌레와 장수풍뎅이 애벌레가 들어 있는 플라스틱 박스가 층층이 쌓여 있었어.

국제 연합 식량 농업 기구(FAO)에서는 곤충을 작은 가축이라고 불러. '굼벵이 농장'은 작은 가축을 몇만 마리나 키우는 곳이었어. 하지만 그렇게 많은 수를 키우는 데도 농장은 크지 않고, 조용하고, 깨끗했지. '이게 식용 곤충의 매력이구나.' 하는 생각이 들었어.

처음 '굼벵이 농장'을 시작할 때는 어려움이 많았어요. 전문적으로 곤충을 사육하는 농장이 없어서 사육 방법을 배우기가 힘들었지요. 하지만 더 힘든 건 사람들의 편견이었어요. 굼벵이를 키워도 팔 곳이 없었으니까요.

저희 아빠의 곤충 식당도 그랬어요. 처음에는 정말 파리만 날렸어요.

송이 말이 맞아. 하지만 지금은 점점 나아지고 있어. 곤충 식당에 손님이 하나둘 찾아오는 것처럼, 식용 곤충 농장에도 사람들의 발길이 잦아지고 있지. 식용 곤충 농장을 운영하려는 사람도 찾아오고, 식품 회사에서 연구를 하기 위해 굼벵이를 주문하기도 해.

식용 곤충 농장의 큰 장점은 자본이 많이 들지 않는다는 거야. 장수풍뎅이 같은 경우에는 버섯을 재배하고 버려지는 나무를 재활용해서 먹이를 마련할 수 있어. 물도 많이 필요하지 않고, 곤충들이 얼어 죽지 않도록 겨울에만 난방을 하면 돼. 또 일 년에 여러 번 생산할 수 있기 때문에 농가의 소득을 높여 줄 수 있지.

누구나 쉽게 식용 곤충 농장을 운영할 수 있겠네요?

단, 조건이 있어요. 본인이 벌레를 좋아하고 잘 먹어야 한다는 것! 나도 못 먹는 걸 남한테 식재료로 팔 순 없잖아요?

집으로 돌아올 때, 곤충 농부 아저씨가 장수풍뎅이 암컷과 참나무로 만든 발효 톱밥을 선물로 주셨어. 예쁜 여자 친구가 생겨서 장군이는 좋겠다.

가만있자, 장수풍뎅이가 보통 30~100개의 알을 낳으니까, 장군이가 새끼를 낳고 그 새끼가 또 새끼를 낳고, 그 새끼가 또 새끼를 낳으면 대체 몇 마리가 되는 거야? 그걸로 요리를…, 헛! 송이한테 혼나겠다. 아무래도 이름을 지어 주고 키운 애완 곤충은 먹으면 안 되겠지? 으핫핫핫!

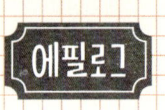  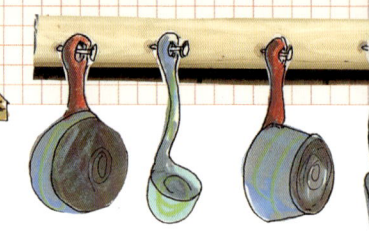

곤충 요리 시대가 열리다

최근 들어 식용 곤충을 이용한 요리들이 많이 개발되고 있어. 귀뚜라미와 메뚜기 조림 반찬뿐 아니라 고소애 쿠키, 귀뚜라미를 넣은 에너지바, 누에를 넣은 과자도 있지.

하지만 아직은 식용 곤충을 먹는 것에 거부감을 느끼는 사람이 훨씬 많아. 그래서 식용 곤충을 연구하는 전문가들은 곤충이 보이지 않는 요리 방법을 추천하지. 식용 곤충을 말려서 가루로 만들어 요리에 넣어 혐오감을 줄이는 거야.

밀가루, 아몬드 가루 등에 식용 곤충 가루를 섞어서 빵과 케이크, 국수와 과자 등을 만들지. 식용 곤충 가루는 아이스크림과 주스, 우유에도 섞어 먹을 수 있어.

흠흠, 나도 식용 곤충 요리사로서 맛있고 영양도 풍부한 새로운 요리를 개발하려고 늘 노력하고 있어.

이번에는 곤충이라면 질색을 하는 송이 엄마도 한 입만 먹으면 입을 뗄 수 없는 어마무시하게 맛난 식용 곤충 요리를 생각해 냈어. 나의 새로운 식용 곤충 요리는 바로 바로 바로~ 고소애 가루를 넣은 시원하고 달콤한 미숫가루!

보리, 현미, 찹쌀, 검은콩, 검은 참깨, 율무, 녹두 가루와 함께 고소애 가루를 넣어서 물에 타 먹는 거야. 달콤하게 꿀도 넣고, 얼음 몇 개 동동 띄워서 먹으면~ 캬아! 영양 만점! 맛도 만점! 식사 대용으로도 만점인 식용 곤충 미숫가루가 탄생하는 거지. 각종 잡곡 가루도 계절과 입맛에 따라 바꿀 수 있고, 함께 넣는 식용 곤충도 매번 바꿔서 넣을 수 있으니, 얼마나 좋아!

음, 구수한 냄새…. 그럼, 조금만 마셔 볼까?

아빠가 엄마를 위해 특별한 미숫가루를 만들었어요.

아, 여전히 곤충을 먹을 생각을 하니 소름이 끼친다고? 음, 그래, 물론 그럴 수 있지. 아니, 대부분의 사람들이 그럴 거야. 그런데 혹시 알고 있니? 바닷가재(랍스터)가 처음에는 가난한 사람들이 허기를 채우려고 먹던 음식이었다는 거 말이야. 그 당시 사람들에게 딱딱한 갑옷을 입은 바닷가재는 보기만 해도 징그럽고 무서운 동물이었어. 하지만 지금은 어때? 바닷가재는 비싼 고급 먹거리가 되었지.

이처럼 우리가 먹는 음식은 풍습과 습관의 영향을 많이 받아. 나는 곤충 요리사로서, 지금은 징그럽기만 한 곤충이지만 언젠가는 훌륭한 먹을거리로 인정받는 날이 올 거라고 믿어.

물론 지금 당장 곤충을 먹으라고 강요할 수는 없어. 그리고 곤충을 먹거리로 쓰는 데 혹시 모를 부작용이 있을지도 모르니, 지속적인 연구가 필요할 거야. 하지만 곤충을 먹는 것은, 지금까지 함께 알아본 것처럼 지구 환경을 지키고 식량난을 해결하기 위해 꼭 필요한 일일지 몰라.

나는 식용 곤충 시대를 대비해 더욱 열심히 곤충 요리를 개발할 거야. 친구들, 기대해 줘!

고소애
요리 레시피

우리 아빠가 고소애 요리 레시피를 살짝 공개한대.

 농촌 진흥청 〈고소애로 만든 한식〉 자료 제공

고소애 채소 볶음밥

소금 대신 간장양념장으로 간하면 볶음밥 색이 약간 어둡게 나오지만 맛은 더 좋아요.

요리 레시피 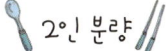 2인 분량

들어가는 재료

 다진 고소애 1과 1/3큰술   밥 2공기    당근 1/8개   감자 1/5개

 호박 1/10개   양파 1/5개   소금 2/3작은술   후추 약간   식용유 1큰술

어떻게 만들까?

1. 당근, 감자, 호박, 양파를 0.3~0.4cm 크기로 다진다.
2. 고소애를 0.5cm 정도로 다진다.
3. 달군 팬에 식용유를 두르고, 감자, 당근, 호박, 양파 순으로 볶다가 밥과 다진 고소애를 넣고 볶는다.
4. 소금과 후추로 간을 한다.

 간장양념장 만들기

간장 3과 2/3큰술   설탕 2와 2/3큰술   다진 마늘 1과 1/2큰술
참기름 1과 1/3작은술   다진 파(흰 뿌리 부분) 2와 1/5큰술   후추 1/5작은술
물 3과 2/3큰술   고소애 분말 1과 1/2작은술

1. 냄비에 간장과 설탕을 넣고 설탕이 녹도록 고루 저어 준다.
2. 설탕이 녹으면 나머지 양념 재료를 다 넣은 후 약불로 30~40초 끓여 준다.

영양 및 성분 정보

(100g 당)

열량 (kcal)	탄수화물 (g)	지질 (g)	단백질 (g)	식이섬유 (g)	나트륨 (mg)	염도 (%)	브릭스 (%)	총당 (%)
138	27.2	2.7	3.2	0.7	156.4	0.5	0.5	0

고소애 고추장 떡볶이

무, 양파, 대파, 표고버섯, 고소애를 넣고 20~30분 끓이면 고소애 육수가 만들어져요.

요리 레시피 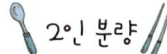 2인 분량

들어가는 재료

 고소애 육수 1컵　 물엿 1/2큰술　 어묵 1장　 대파 1/4뿌리　 양배추 1/2장

 떡볶이 떡 160g　 고추장양념장 2와 2/3큰술　 양파 1/6개　 다진 고소애 1큰술

어떻게 만들까?

1. 떡은 미리 물에 담가 부드럽게 해 둔다.
2. 어묵과 양배추는 1×4cm 크기로, 양파는 0.5cm로 썬다. 대파는 어슷 썬다.
3. 고소애 육수를 넣은 냄비에 떡과 재료를 모두 넣고, 고추장양념장과 물엿을 풀어 준 후 모든 재료가 살짝 잠길 때까지 계속 저어 주며 끓인다.
4. 떡볶이를 접시에 담아 낸 뒤 다진 고소애를 고명으로 얹는다.

고추장양념장 만들기

고추장 3과 2/3큰술	고춧가루(고운 것) 2큰술	간장 1과 1/2큰술
설탕 2와 1/2큰술	다진 마늘 2큰술	참기름 4/5큰술
소금 4/5작은술	물 1큰술	고소애 분말 2작은술

1. 간장에 설탕, 소금을 넣어 잘 녹도록 섞는다.
2. 1에 나머지 재료를 넣고 섞는다.

 여기에 쓰이는 물은 미리 한 번 끓인 것이 좋다.

영양 및 성분 정보

(100g 당)

열량 (kcal)	탄수화물 (g)	지질 (g)	단백질 (g)	식이섬유 (g)	나트륨 (mg)	염도 (%)	브릭스 (%)	총당 (%)
141	28.3	1.6	3.9	1.3	453.6	0.7	3.5	2.8

고소애 새우 견과류 볶음

시즈닝을 만들 때, 매운맛이 싫으면 덜 매운 고춧가루를 쓰거나 고춧가루 대신 파프리카 분말을 섞어서 써도 좋아요.

요리 레시피

🥄 2인 분량 🍴

들어가는 재료

 고소애 3과 1/3큰술    잔새우 4g   호박씨 6g   땅콩 10g

 시즈닝 1/3개   물엿 2작은술

어떻게 만들까?

1. 고소애와 잔새우, 호박씨, 땅콩을 프라이팬에 볶는다.
2. 약불로 줄인 후 물엿을 먼저 넣고 잘 섞은 뒤, 고소애 볶음용 시즈닝을 넣고 골고루 섞이게 버무린다.
3. 접시에 보기 좋게 담은 뒤, 나머지 시즈닝을 위에 뿌려 준다.

> **고소애 볶음용 시즈닝(양념가루) 만들기**
>
> 고운 고춧가루 67g, 마늘 분말 10g, 감자 전분 10g, 소금 10g, 파슬리 플레이크 3g을 잘 섞어서 병에 담아 두고 사용한다.

영양 및 성분 정보

(100g 당)

열량 (kcal)	탄수화물 (g)	지질 (g)	단백질 (g)	식이섬유 (g)	나트륨 (mg)	염도 (%)	브릭스 (%)	총당 (%)
393	26.9	21.5	24.0	4.9	404.6	1.1	17.0	15.9

고소애 비빔국수

더 맛있게 tip

지단을 준비하기 번거로우면 구운 김을 잘게 잘라 얹어도 색과 맛이 잘 어우러져요.

요리 레시피

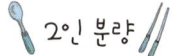 2인 분량

들어가는 재료

 고소애 국수(생면) 240g　 오이 1/4개　 양배추 1/2장　 당근 1/8개　 양파 1/8개　 달걀 1개

 참기름 4/5작은술　 깨소금 2작은술　 식용유(지단용) 1큰술　 고추장양념장 4큰술

어떻게 만들까?

1. 고소애 국수(생면)는 끓는 물에 7~8분 삶아서 찬물에 헹구어 물기를 뺀다.
2. 당근과 오이는 돌려 깎아 0.2×0.2×5cm로 가늘게 채 썬다.
3. 양배추를 0.2×5cm로 채 썰고, 양파는 0.2cm 굵기로 썬다.
4. 달군 팬에 식용유를 두르고 달걀을 흰자와 노른자로 나눠 지단을 부쳐 채 썬다.
5. 삶아 놓은 국수에 준비된 채소와 고추장양념장, 참기름, 깨소금을 넣고 비벼서 지단을 얹는다.

 고소애 국수(생면) 만들기

밀가루에 10% 정도의 고소애 분말과 2% 정도의 소금을 섞은 뒤, 적당히 물을 붓고 반죽한다. 2시간 정도 냉장고에 넣어 두었다가 반죽을 밀어 면을 만든다.

영양 및 성분 정보

(100g 당)

열량 (kcal)	탄수화물 (g)	지질 (g)	단백질 (g)	식이섬유 (g)	나트륨 (mg)	염도 (%)	브릭스 (%)	총당 (%)
214	24.9	9.9	7.0	2.5	647.7	0.8	3.9	3.1

고소애 소고기 두부선

두부에 소를 넣은 뒤 찜기로 쪄서 먹을 수도 있어요. 소를 쉽게 익히려면 빚은 소를 팬에 먼저 살짝 익힌 뒤 두부에 넣으면 돼요.

요리 레시피 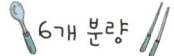 6개 분량

들어가는 재료

 다진 고소애 1큰술   다진 마늘 1과 1/3작은술   두부(소) 15g   후추 1/5작은술   밀가루

 간장 1/5작은술    다진 파 1과 1/3작은술   소고기 30g   참기름 1/5작은술   양파 1/10개

 실파   두부 1/3모   소금 1/5작은술   표고버섯(말린 것) 1개   식용유 1큰술   설탕 1/3작은술

어떻게 만들까?

1. 두부는 3×4×0.7cm 크기로 잘라 물기를 빼고 소금, 후추로 간한다.
2. 소고기와 두부(소), 표고버섯을 다진다.
3. 양파를 다져 팬에 살짝 볶아 2에 넣고, 간장, 설탕 등의 양념 재료를 모두 넣은 뒤 잘 섞고 치댄다. 소는 썰어 놓은 두부보다 약간 작게 만든다.
4. 두부 안쪽에 밀가루를 묻힌 후, 속에 소를 넣고 두부 2장을 포갠다.
5. 달군 팬에 식용유를 두르고 소가 잘 익을 때까지 약불로 골고루 지진다.
6. 실파는 흰 뿌리 부분은 잘라내고 끓는 물에 살짝 데친 후, 지져 낸 두부선을 2번 돌려 묶는다.

영양 및 성분 정보

(100g 당)

열량 (kcal)	탄수화물 (g)	지질 (g)	단백질 (g)	식이섬유 (g)	나트륨 (mg)	염도 (%)	브릭스 (%)	총당 (%)
152	5.4	10.7	9.9	2.6	127.7	0.3	0.8	0.5

고소애 잡채

잡채에는 지저분하지 않게 고소애를 그대로 넣어 주는 게 좋지만, 보기에 부담스러우면 서너 번 다져서 넣어도 돼요.

요리 레시피

🥄 2인 분량 🥢

들어가는 재료

고소애 1큰술   소금 1/2작은술   오이 1/5개   식용유 1큰술   표고버섯(말린 것) 2개   양파 1/8개

소고기 26g   통깨 1과 1/3작은술   당근 1/8개   당면 50g   참기름 1/2작은술   간장양념장 3큰술

어떻게 만들까?

1. 당면은 찬물에 30분 정도 불렸다가 끓는 물에 3~4분간 삶아 체로 건져 물기를 뺀다.
2. 소고기와 표고버섯을 채 썰고, 간장양념장을 살짝 넣어 버무려 둔다.
3. 고소애를 약불에 살짝 볶는다.
4. 달궈진 팬에 식용유를 조금 두르고 채 썬 양파와 오이, 당근을 소금을 살짝 뿌려 차례로 볶아 둔다. 2의 밑간한 소고기와 표고버섯도 볶는다.
5. 달궈진 팬에 식용유를 두르고 삶은 당면을 넣고 볶다가 나머지 간장양념과 볶아 놓은 채소류, 고소애를 넣어 가볍게 살짝 볶는다.
6. 마지막으로 참기름과 통깨를 뿌린다.

영양 및 성분 정보

(100g 당)

열량 (kcal)	탄수화물 (g)	지질 (g)	단백질 (g)	식이섬유 (g)	나트륨 (mg)	염도 (%)	브릭스 (%)	총당 (%)
219	26.4	10.5	4.9	1.6	824.8	1.9	6.4	4.5

영양 만점
곤충식당

2016년 11월20일 1판1쇄 발행 | 2022년 5월20일 1판4쇄 발행

글 서해경 이소영 **그림** 한수진
펴낸이 나춘호 **펴낸곳** (주)예림당
등록 제2013-000041호 **주소** 서울시 성동구 아차산로 153
구매 문의 전화 561-9007 **팩스** 562-9007
책 내용 문의 전화 3404-9251
http://www.yearim.kr

책임 개발 박효정 / 서인하 **편집** 전윤경 **디자인** 미르 **사진** 김창윤 / 이건무
저작권 영업 문하영 / 신예경 **제작** 신상덕 / 박경식
마케팅 임상호 전훈승

ⓒ 2016 서해경 이소영 한수진

ISBN 978-89-302-6885-1 74300
ISBN 978-89-302-6880-6 74080(세트)

*이 도서에는 아모레퍼시픽에서 제공한 아리따글꼴이 적용되어 있습니다.

*이 책은 저작권법에 따라 보호받는 저작물이므로 무단 전재와 무단 복제를 금합니다.
 이 책의 표지 이미지나 내용 일부를 사용하려면 반드시 (주)예림당의 서면 동의를 받아야 합니다.

자료 협조
107~119쪽 〈고소애로 만든 한식〉 농촌진흥청
황재삼 김미애(국립농업과학원)
윤은영((전)국립농업과학원, (현)세종대학교)
김수희(경민대학교)
최수근(경희대학교)
황인경(서울대학교)

사진 협조
19쪽 동충하초 ⓒH. Krisp | 29쪽 등애동에(좌) ⓒJames Niland, 등애동에(우) ⓒharum.koh | 58쪽 기데리 ⓒJarka Bednarova | 71쪽 친환경 미래형 버거 ⓒGabi Porter | 76쪽 말린 모파인 벌레 ⓒleo,laempel, 모파인 벌레 볶음 ⓒComQuat | 90쪽 백강잠 ⓒ식품의약품안전평가원 신소재식품과 | 99쪽 쌍별귀뚜라미 ⓒSchönitzer
표지 고소애 채소 볶음밥, 108쪽 고소애 채소 볶음밥, 110쪽 고소애 고추장 떡볶이, 112쪽 고소애 새우 건과류 볶음 114쪽 고소애 비빔국수, 116쪽 고소애 소고기 두부전, 118쪽 고소애 잡채 ⓒ농업진흥청

그 외 123RF, 이매진스, 예림당

어린이제품 안전특별법에 의한 제품 표시사항
제품명 | 도서 제조자명 | (주)예림당 제조국명 | 대한민국 전화번호 | 02)566-1004
주소 | 서울시 성동구 아차산로 153 제조년월 | 발행일 참조 사용연령 | 8세 이상
주의! 책의 모서리가 날카로우니, 던지거나 떨어뜨려 다치지 않도록 주의하세요.